Routen

W0179458

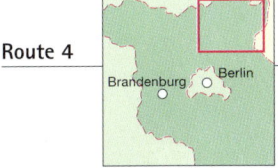
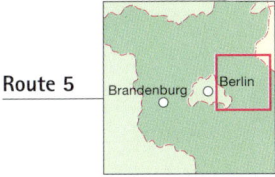
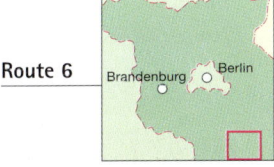
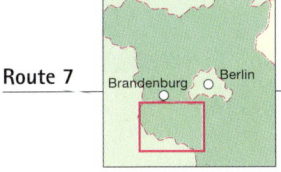

Editorial

„Und nun setzten wir uns an den Rand eines Vorsprungs und horchten auf die Stille. Sie blieb, wie sie war: kein Boot, kein Vogel; auch kein Gewölk. Nur Grün und Blau und Sonne."

Am besten, man wählt sich die „Wanderungen durch die Mark Brandenburg" gleich zur Lektüre, denn niemand hat die Reize des Landes Brandenburg so warmherzig und treffsicher beschrieben wie Theodor Fontane, als er vor 140 Jahren die Mark durchstreifte.

So manches von gestern läßt sich auf diese Weise mit den Widersprüchlichkeiten von heute vergleichen. Sicher lösen der Anblick eines windschiefen Wetterhahns auf dem Backsteinkirchturm und das unbarmherzige Holpern des Kopfsteinpflasters nostalgische Gefühle aus, aber auch die offenen Wunden, die die letzten 40 Jahre Geschichte hinterlassen haben, gehören zum Bild.

Brandenburg ist ein provinziell anmutendes Land, in dem man noch die ausgetretenen Pfade des Massentourismus verlassen kann – wie geschaffen für müde Großstadtmenschen und Familien mit Kindern. Die unterschiedlichen Landschaftsformen – das wasserreiche Havelland, der dicht bewaldete Barnim oder der sumpfige Spreewald – strahlen eine herrliche Milde und Ruhe aus. Und so gab Fontane gleich folgenden Reisetip vorab: „Gröbliche Augen, die gleich einen Gletscher oder Meeressturm verlangen, um befriedigt zu sein, mögen zu Hause bleiben."

Wer zwischendurch Sehnsucht nach Kunst und Kultur bekommt, den erwarten glanzvolle Schlösser und Gärten in der Landeshauptstadt Potsdam, die alte Universitätsstadt Frankfurt (Oder) und der herrliche Branitzer Landschaftspark in Cottbus.

Reizvolles Wasserlabyrinth bei Lübbenau im Spreewald

Plastiken im Schloßpark von Sanssouci

Die Autorin

Dr. phil. Christiane Theiselmann, 1961 in Duisburg geboren, ist Kunsthistorikerin und arbeitet in Berlin als freie Journalistin und Reisebuchautorin. Dem Leben und der Kultur der Mark Brandenburg gilt ihre besondere Vorliebe.

Sand, Seen und ein Blick ins Himmelreich

„Wiese, Wasser, Sand, das ist des Märkers Land, und die grüne Heide, das
sind des Märkers Freude ..." Wem die
Strophe aus dem Lied in den Sinn
kommt, das der Urberliner Wandervo-
gel Gustav Büchsenschütz in den zwan-
ziger Jahren als eine Art brandenburgische Nationalhymne erdichtete, dem
malt sich das reizvolle Bild der Mark
mit ihren satten Farben wie von selbst:
eine kraftvolle Symphonie in Grün-
Gelb-Blau, bei der hie und da das warme Backsteinrot und das weltferne
Grau der Häuser in halb verschlafenen
Dörfchen hervorlugen.

Lage und Landschaft

Ein Blick auf die Karte offenbart, daß
das Bundesland Brandenburg einge-
bettet zwischen drei der größten deutschen Flüsse liegt. Im Osten bilden
Oder und Neiße die natürliche Grenze
zum Nachbarland Polen, und im Süd-
westen fließt die Elbe ein Stückchen
entlang der sächsischen Grenze. Ein
eher verbindendes Element ist das
Wasser dagegen im Norden, wo die
brandenburgische Seenlandschaft um
Rheinsberg allmählich in das Gebiet
der Seenplatte Mecklenburg-Vorpom-
merns übergeht. Und schließlich um-
schließt die Mark Brandenburg die
Hauptstadt Berlin – über die detailreich
der gleichnamige Polyglott-Band informiert.

Wer im Landesinneren unterwegs ist,
merkt bald, daß es „die typisch brandenburgische Landschaft" gar nicht
gibt. Statt dessen entfaltet sich ein reizvolles Mosaik unterschiedlichster Landschaftsformen wie das Havelland und

das Ruppiner Land mit ihren ungezähl-
ten Seen, das Untere Odertal mit seinen
saftig-moorigen Auen, die Schorfheide
mit ihren knochentrockenen Wäldern,
der Spreewald mit seinen vielarmigen
Wasserkanälen oder der langgestreckte
Niederlausitzer Landrücken mit sanften
Höhenzügen.

Verantwortlich für die abwechslungs-
reiche märkische Oberflächengestalt
ist die letzte Eiszeit, die etwa um
10 000 v. Chr. zu Ende ging. Bis zu
2000 m hohe Gletscher aus Skandinavien überwanderten das heutige
Brandenburg und hinterließen zwei
aufgestauchte, in West-Ost-Richtung
verlaufende Endmoränenwälle: den
nördlichen Landrücken der Prignitz,
Ruppiner Land und Uckermark sowie
den südlichen Landrücken, der sich
vom Fläming bis in die Niederlausitz
zieht. Das eiszeitliche Schmelzwasser
bahnte sich seine Rinnen und Mulden
durch die Urstromtäler. So entstanden
die zwei brandenburgischen Haupt-
flüsse Havel und Spree und dazu über
600 Seen.

Sichtbare Zeugen dieser Periode sind
die vielen Findlinge, auf die man auf
Wanderungen überall trifft. Der größte
bekannte brandenburgische Gesteins-
koloß skandinavischer Herkunft ist der
Große Markgrafenstein in den Rauen-
schen Bergen westlich von Fürstenwalde.

Klima und Reisezeit

In Brandenburg herrschen in der Regel
angenehme klimatische Verhältnisse,
denn das Bundesland liegt im Über-
gangsgebiet von ozeanischem zu kon-
tinentalem Klima mit vorherrschen-
den Westwinden – was heiße, trockene
Sommer und frostkalte Winter ver-
spricht. Das Schmuddelwetter zieht
meist über Brandenburg hinweg, ohne
daß es sich abregnet. Am extremsten
sind die Werte in Cottbus, denn hier
gibt es übers Jahr die meisten Sommer-
tage mit mindestens 25 °C und die meisten Frosttage unter 0 °C.

Die Station des Deutschen Wetterdienstes in Potsdam mißt eine alljährliche Niederschlagsmenge zwischen 560 und 600 mm, was weit unter den Vergleichswerten westdeutscher Städte wie Bonn, München oder Münster liegt. Die relative Luftfeuchtigkeit beträgt durchschnittlich 76 %. In moorigen Gebieten, wie beispielsweise dem tiefgelegenen Havelländischen Luch zwischen Rathenow und Nauen, werden aufgrund der extrem starken Nebelbildung während und nach jedem Regenfall jedoch weitaus höhere Werte erreicht.

Sicherlich stellen die weniger heißen Frühjahrs- und Herbstmonate Mai und Juni, September und Oktober für kulturbeflissene Besucher der Museen, Schlösser und Parks die ideale Reisezeit dar. Wer aber glaubt, die landschaftlichen Schönheiten der Mark nur zur warmen Jahreszeit genießen zu können, hat die reizvolle Winterstimmung auf den zahlreichen zugefrorenen Seen noch nicht erlebt.

Besonders Kanäle, die keiner oder nur minimaler Fließgeschwindigkeit unterliegen, bilden dann faszinierend spiegelglatte Oberflächen, die jeden passionierten Schlittschuhläufer auf die

Winterliche Stimmung

Steckbrief

Bevölkerung: 2,6 Mio.

Fläche: Mit einer Ausdehnung von 28 000 km² ist Brandenburg das größte unter den neuen Bundesländern.

Höchste Erhebung: Der 201 m hohe Hagelberg westlich von Belzig.

Geographischer Tiefpunkt: Eine 24 m hohe Stelle nordwestlich von Rhinow, nahe der Dosse-Mündung in die Havel.

Seen: Größter märkischer See mit 13,8 km² Fläche ist der Scharmützelsee bei Fürstenwalde, tiefster See mit 68 m der Große Stechlin bei Fürstenberg/Havel.

Landeshauptstadt: Potsdam (136 300 Einw.).

Museen: 160 (davon 8 Kunstmuseen).

Universitäten/Hochschulen: 3 Universitäten, 1 Kunsthochschule, 7 Fachhochschulen.

Verwaltung: Vier kreisfreie Städte (Potsdam, Brandenburg/Havel, Cottbus, Frankfurt/Oder), 14 Landkreise, 1700 Gemeinden.

Partnerland: Nordrhein-Westfalen.

Kufen locken. Bei Schneefall macht man sich zum Schlittenfahren am besten ins Ruppiner Land auf, da hier generell die meisten Flocken fallen.

Wer vor der Anreise genauer wissen will, ob er die Badehose oder eher einen dicken Pullover einpacken soll, kann sich per Telefon eine spezielle Wettervorhersage bei den DeTeMedien in Frankfurt/Main einholen. Die erfahrungsgemäß zuverlässigen Ansagen erarbeitet der Deutsche Wetterdienst aus den Aufnahmen, die der Satellit Meteosat aus 36 000 km Höhe liefert (Tageswetter: ☎ 01 90/11 64 16; Wochenwetter: ☎ 01 90/11 64 63; Biowetter: ☎ 01 90/11 54 65).

Naturschutz und Umwelt

Das oft süffisant verwendete Schlagwort von der „märkischen Streusandbüchse" ist ein Synonym für die trockene, weil wasserdurchlässige und folglich unfruchtbare Mark Brandenburg. Kopfschüttelnd brachte dies der für seine Wortgewalt bekannte Reformator Martin Luther auf den Punkt, als er 1530 die Burg Eisenhardt (s. S. 88) im Hohen Fläming besuchte: „Ländecken, was bist du für ein Sändecken." Doch daß die Mark Brandenburg ausschließlich aus öden Sandböden besteht, ist ein schon lang gepflegter Irrtum. In feuchteren Standorten wie dem Oderbruch und dem Rheinsberger Land trifft man auf fruchtbare Wiesen und Auen oder lehmige Moränenböden mit üppigen Mischwäldern aus Eichen, Buchen, Erlen und Linden.

Naturschutz wird in Brandenburg groß geschrieben. Ein Hauptziel der beispielhaften Naturschutzpolitik des brandenburgischen Ministeriums für Naturschutz, Umwelt und Raumordnung liegt in der Einrichtung und dem Ausbau von Großschutzgebieten, die zur Zeit bereits 14 % der Landesfläche einnehmen; dazu gehören der Nationalpark Unteres Odertal, die vier Naturparks Märkische Schweiz, die Brandenburgische Elbtalaue, die Niederlausitzer

Heidelandschaft und die Feldberg-Lychener Seenlandschaft. In Brandenburg gibt es also noch reichlich Natur pur, und das soll auch so bleiben, denn außerdem wurden das nach dem Wattenmeer zweitgrößte deutsche Schutzgebiet Schorfheide-Chorin (s. S. 71) sowie der Spreewald (s. S. 81 ff.) als eine der eigentümlichsten mitteleuropäischen Wasserlandschaften von der UNESCO als Biosphärenreservate anerkannt. Die Ausweisung von mindestens sieben weiteren Großschutzgebieten ist in Vorbereitung, der Anteil an der Landesfläche würde sich dann auf stolze 30 % erhöhen.

Flora und Fauna

Daß sich während der DDR-Zeit in weiten Teilen des Landes Brandenburg atemberaubende Naturparadiese mit großer Artenvielfalt von Tieren und Pflanzen erhalten haben, hat sich mittlerweile herumgesprochen. An vielen einzelnen Stellen rasten, nisten und fliegen erstaunlich große Bestände andernorts fast gänzlich verschwundener Vogelarten. Beschaulich kreisen noch Milane, See- und Fischadler durch die Lüfte, an den Seeufern fischen die Kraniche, und durch die abgeernteten Stoppelfelder stolzieren Weiß- und Schwarzstörche. Vor allem in den Feuchtgebieten des Havellandes und der Prignitz legen Wasserläufer, Bläß- und Saatgänse auf dem alljährlichen Zugweg von und nach Süden Massenrastplätze an.

Engagiert kämpfen die Naturschützer im Havelländischen Luch und in der Uckermark um den Erhalt der überaus scheuen Großtrappe, die mit 17 kg Gewicht und einer Größe von einem Meter der größte flugfähige Vogel Europas ist.

Besonders stolz sind die Brandenburger auf ihre Biber und Fischottern, denn besonders diese kleine Marderart, die so zurückgezogen lebt, daß man sie kaum je zu Gesicht bekommt, gehört zu den seltensten Säugetieren Europas, weil sie absolut saubere und fischreiche Gewässer benötigt. Ein Schauspiel bieten auch die vielen hundert Schmetterlingsarten, die vor allem den Spreewald durchgaukeln. Hie und da tauchen zum Schrecken der Bevölkerung aber auch schon mal robustere Zeitgenossen wie Wölfe oder Elche in ostbrandenburgischen Gefilden auf. Von Rußland und Polen einwandernd, durchschwimmen sie die Elbe. Da diese Großtierarten in den Nachbarländern Schutz genießen, haben sich die Landesforstbehörden vorerst zur Beobachtung dieser Entwicklung entschlossen, ohne regulierend einzugreifen. Angesichts solch aufregender Möglichkeiten sei dem Wanderer in jedem Fall die Mitnahme eines Fernglases besonders ans Herz gelegt.

Aber auch Botaniker kommen in Brandenburg voll auf ihre Kosten. Seltene Pflanzenarten, die gerade hier vermehrt gedeihen, sind das Sumpfknabenkraut, die Sandnelke, der Schwingelschilf, das Adonisröschen und die Stechpalme. Auf den feuchten Böden des Oderbruchs und des Spree-Dahme-Gebiets westlich von Frankfurt (Oder) wachsen mit Vorliebe Wiesenorchideen und Blutweiderich. Sehr farbintensive Eindrücke hat man zu gewissen Zeiten bei Fahrten durch das Land: Während im Mai die leuchtend gelben Rapsfelder gegen den stahlblauen Himmel stehen, breiten sich im Hochsommer die roten Klatschmohnteppiche bis an den Horizont aus – ein Feuerwerk der Farben.

Auf einem anderen Blatt freilich steht die rücksichtslose Ausbeutung dieser Naturschönheiten während der DDR-Zeit. In der Niederlausitz etwa wurde Braunkohleabbau in einer Art und Weise betrieben, die kilometerlange Landstriche zu wahren Mondlandschaften machte. Zudem mußten viele Städte ihre gesamten Abwässer aufgrund fehlender Kläranlagen

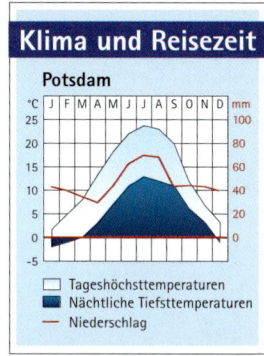

Klima und Reisezeit

Potsdam

☐ Tageshöchsttemperaturen
■ Nächtliche Tiefsttemperaturen
— Niederschlag

Wald bei Rheinsberg

Nichts als Kiefern

Würde man den Titel „Baum des Landes Brandenburg" verleihen, wäre die genügsame Kiefer sicher die erste Preisträgerin. Die wärmeliebende, eigentlich in Nordasien heimische Gemeine Kiefer (lat.: Pinus silvestris) kommt zwar in den gemäßigteren Temperaturen norddeutscher Gefilde nur knapp auf ihre Kosten, gedeiht aber prächtig auf lehmhaltigem Sandboden, denn die kräftige, meterlange Pfahlwurzel ist wie geschaffen für die unterirdische Wassersuche. In heißen Sommern allerdings, wenn die brandenburgischen Nadelwälder nur so vor Trockenheit knistern und dazu ihren starken Harzgeruch verströmen, liegt ständige Waldbrandgefahr in der Luft. In der Bau- und Möbelindustrie steht die oft als minderwertig belächelte märkische Kiefer hoch im Kurs. So paradox es klingt, aber die beste Qualität der bis zu 160 Jahre alten Bäume gedeiht auf kargen Böden.

Bevölkerung und Sprache

Brandenburg ist mit seinen 86 Einwohnern, die hier im Durchschnitt pro Quadratkilometer leben, ein recht dünn besiedeltes Bundesland.

Die einstige Urbevölkerung war nicht von einheitlicher Herkunft. Der „echte" Brandenburger wanderte entweder im Zuge der deutschen Ostkolonisation im Mittelalter aus Niedersachsen, Schleswig-Holstein, Westfalen, Schwaben oder dem Rheinland ein, oder er ließ sich als flämischer Siedler von den Hohenzollernregenten zur Besiedlung des Landes anwerben und machte sich vorzugsweise im deshalb so benannten Landstrich des Fläming heimisch. Noch heute leben in Brandenburg viele Nachfahren der wegen ihres Glaubens verfolgten französischen Hugenotten oder der Salzburger Protestanten – die berühmtesten Namen aus der Geschichte sind beispielsweise Chamisso, de la Motte Fouqué (s. S. 50) und Fontane (s. S. 60 ff.). Bis 1946 erfolgte ein großer Zustrom von Ostvertriebenen in die Landgemeinden.

Obwohl sie alle Spuren in der Sprache hinterließen, ist die Mundart überwiegend niederdeutsch, im Umkreis der Bundeshauptstadt allerdings wird stark „berlinert". Brandenburg ist folglich ein Schmelztiegel. Eine Besonderheit ist die sprachliche Autonomie der annähernd 100 000 westslawischen Sorben, die im Spreewald ihre eigenständige Kultur leben (s. S. 85).

Wirtschaft

Das flächenmäßig größte ostdeutsche Bundesland lebt von seiner dezentralen Struktur. Mittelzentren wie Senftenberg, Cottbus, Potsdam, Eberswalde und Schwedt haben in der Regel regionale wirtschaftliche Bedeutung und bieten Investoren aufgrund günstiger Energiebedingungen und guter verkehrstechnischer Anbindung an Berlin akzeptable Bedingungen. Ein industrielles Ballungszentrum ist der Südosten

schlichtweg in die Flüsse leiten. Darüber hinaus sind die oft katastrophalen Folgen rücksichtsloser Umweltsünden der Sowjetarmee noch lange nicht bereinigt. Noch heute müssen ganze Waldgebiete wegen Munitionsverseuchung gesperrt werden, und auch die durchaus gängige Panzerwäsche im See hat die Wasserflora und -fauna an vielen Stellen brutal geschädigt. Manches dieser Probleme hat sich seit der Wende geregelt. Aus den stillgelegten Kohleabbaugruben wurden beliebte Badeseen oder ökologisch wertvolle Feuchtbiotope, Kläranlagen konnten mittlerweile gebaut werden, und interessanterweise stellen die nährstoffreich gebliebenen und nur noch selten genutzten Truppenübungsplätze die letzten Rückzugsräume für manche Kleintierarten dar, wie z. B. Siebenschläfer oder Eidechsen.

der Niederlausitz im Dreieck zwischen Senftenberg, Cottbus und Eisenhüttenstadt. Besondere Tradition haben hier der Braunkohletagebau und die Braunkohleveredelung. Hier lagern 60 % der abbaufähigen Kohle des Landes, und schon zu DDR-Zeiten wurde soviel gefördert wie nirgendwo sonst auf der Welt. Traditionell wichtige Arbeitgeber für die Region sind zudem die Petrochemie in Schwedt, die Stahl- und Walzwerke in Eisenhüttenstadt, Brandenburg/Havel und Henningsdorf sowie die optische Industrie in Rathenow.

Nach der Wende etablierten sich außerdem zahlreiche Großkonzerne von internationalem Ruf, beispielsweise der englische Betonhersteller Readymix in Rüdersdorf oder Firmen wie AEG-Fahrzeugbau und -technik in Henningsdorf und einer der bekanntesten Produzenten von Büromaterial, die Herlitz AG in Falkensee. Eine der größten Investitionen im Land tätigte 1995 der Altana-Konzern in Oranienburg mit der Errichtung eines Pharmawerks, das jährlich 1,9 Mrd. Tabletten, Kapseln und Dragées produziert. Bei der Zahl der Gewerbeanmeldungen nimmt Brandenburg unter allen ostdeutschen Bundesländern eine führende Stellung ein. Daß die Arbeitslosenquote hier jedoch mit durchschnittlich 15,3 % am niedrigsten liegt, ist vor allem der Nähe zu Berlin zu verdanken, denn 60 000 Arbeitnehmer pendeln täglich in die Großstadt.

Durch den Zusammenbruch der zentralen Planwirtschaft in der DDR knirschte es zuweilen mächtig im Getriebe. Aber nun ist die Privatisierung durch die Treuhand im wesentlichen abgeschlossen, und fast aus dem Nichts ist seitdem wieder ein breiter Mittelstand erwachsen. Die Umstellung von der Plan- zur Marktwirtschaft kostete vor allem in der Landwirtschaft zahlreiche Arbeitsplätze. Obwohl gut 45 % der Landesfläche landwirtschaftlich genutzt werden, macht die Land- und Forstwirtschaft inkl. der Fischerei nur 1,6 % der Bruttowertschöpfung aus.

Rohstoff märkische Kiefer

Eimerkettenbagger im Braunkohletagebau bei Cottbus

Die EKO Stahl GmbH in Eisenhüttenstadt

Geschichte im Überblick

10 000 v. Chr. Seit dem Ende der jüngeren Altsteinzeit besiedeln die ersten Menschen die Wälder im Raum der Mark Brandenburg.

Um 500 Die slawischen Volksstämme der Obotriten, Heveller, Liutizen und Sorben (Wenden) werden ansässig.

928 König Heinrich I. erobert die slawische Hauptfestung Brennaburg in der heutigen Stadt Brandenburg/Havel.

946 und 948 Otto I. gründet die Bistümer Havelberg und Brandenburg, um die Slawen zu christianisieren.

983 Im großen Slawenaufstand wehren sich die Slawen gegen die Missionierung. Das deutsche Kolonisationsgebiet geht bis zur Elbe verloren.

1157 Das Geburtsjahr der Mark Brandenburg, denn von da an nennt sich der Askanierfürst Albrecht der Bär Markgraf von Brandenburg. Zur Urbarmachung und Besiedlung des Landes wirbt er westfälische und niederländische Kolonisten an und gründet Zisterzienserklöster.

1415 Friedrich von Hohenzollern wird Kurfürst von Brandenburg. Damit beginnt die über 500jährige Regentschaft der Hohenzollern.

1539 Einführung der Reformation in Brandenburg unter Kurfürst Joachim II.

1618–1648 Im Dreißigjährigen Krieg wird die Mark zum Hauptschlachtfeld der kaiserlichen und schwedischen Truppen. Der Hof zieht sich nach Königsberg zurück. Als Friedrich Wilhelm, der Große Kurfürst, 1640 den Thron besteigt, ist Brandenburg-Preußen das Armenhaus Deutschlands.

1675 Prinz Friedrich von Homburg schlägt unter dem Großen Kurfürsten die Schweden in der Schlacht bei Fehrbellin.

1685 Mit dem „Edikt von Potsdam" holt der Große Kurfürst Tausende wegen ihres Glaubens verfolgte französische Hugenotten nach Berlin-Brandenburg. Dazu werden pfälzische, friesische, niederländische und schweizerische Siedler geworben. Das Kurfürstentum blüht wirtschaftlich und geistig-kulturell auf.

1717 König Friedrich Wilhelm I., der „Soldatenkönig" (Regierungszeit 1713–1740), führt die allgemeine Schulpflicht in Preußen ein.

1740–1742, 1744/45, 1756–1763 Unter Friedrich II., dem Großen (Regierungszeit 1740–1786), nimmt Preußen durch die drei Schlesischen Kriege gegen Österreich eine führende politische Stellung in Europa ein, braucht aber Jahrzehnte, um die Folgen zu verkraften.

1806–1815 Während der Regentschaft König Friedrich Wilhelms III. (1797–1840) wird Preußen von napoleonischen Truppen besetzt.

1795–1861 Vor und während seiner Regierungszeit (1840–1861) fördert Friedrich Wilhelm IV. die Künste. Große Architekten, Gartengestalter und Bildhauer wie Karl Friedrich Schinkel, Peter Joseph Lenné und Christian Daniel Rauch verwandeln die Landschaft in und um Potsdam in ein „havelländisches Arkadien".

1920 Groß-Berlin wird aus dem Verband der Provinz Brandenburg ausgegliedert.

9. November 1938 Während der Reichspogromnacht verwüsten die Nationalsozialisten Synagogen und jüdische Friedhöfe im ganzen Land. Tausende Juden werden in die brandenburgischen Konzentrationslager Sachsenhausen und Ravensbrück deportiert.

1939–1945 Im Zweiten Weltkrieg werden brandenburgische Städte durch Luftangriffe der Alliierten grauenvoll zerstört; besonders betroffen ist Potsdam. Sowjetische Truppen erobern den Raum Berlin-Brandenburg.

17. Juli bis 2. August 1945 In Schloß Cecilienhof treffen sich die Delegationen der Siegermächte zur „Potsdamer Konferenz". Truman (USA), Stalin (UdSSR) und Churchill (GB), der später durch Attlee abgelöst wird, verhandeln den Verlauf der polnischen Westgrenze, die Aufteilung Deutschlands in Kontrollzonen, seine Reparationszahlungen und die Behandlung von Kriegsverbrechern.

25. Juli 1945 Marschall Shukow, Chef der Sowjetischen Militärverwaltung Deutschlands, verkündet die Aufteilung der Provinz Brandenburg in die vier Verwaltungsbezirke Brandenburg, Berlin, Eberswalde und Cottbus.

24. Juli 1947 Gründung des Landes Brandenburg mit Potsdam als Regierungssitz.

1952 Eine DDR-Verwaltungsreform schafft das Land Brandenburg ab und gliedert es in die Bezirke Potsdam, Cottbus und Frankfurt (Oder).

1989 Fall der Berliner Mauer. Die Berlin-Brandenburgische Kulturlandschaft ist wieder eine Einheit.

3. Oktober 1990 Neubildung des Landes Brandenburg und Beitritt zur Bundesrepublik Deutschland. Erste Landtagswahl am 14. Oktober.

5. Mai 1996 Scheitern der Volksabstimmung über die Vereinigung der Bundesländer Berlin und Brandenburg. Während Berlin sich mit 53,4 % Ja-Stimmen knapp für eine Vereinigung ausspricht, sind die Brandenburger mit 62,7 % Nein-Stimmen dagegen.

Friedrich Wilhelm begrüßt französische Reformierte

Voltaire (links) in der Tafelrunde Friedrichs des Großen (rechts)

Reiterbildnis Wilhelms I.

Kultur gestern und heute

„Du wirst Entdeckungen machen...", so prophezeite schon Fontane Mitte des vorigen Jahrhunderts in seinen „Wanderungen durch die Mark Brandenburg" und kündigte weiter an: „Manches Kunstwerk wohl, von dem die Welt nicht weiß, verbirgt sich in märkischen Dörfern."

Und in der Tat ist die Mark Brandenburg mit 25 000 ausgegrabenen Bodenfunden und über 8000 Baudenkmälern reich an herausragenden Zeugnissen aus allen Epochen. Brandenburg ist eine alte Kulturlandschaft, in der sich über Jahrhunderte Menschen aus den verschiedensten Gegenden Europas niederließen und ihre jeweilige künstlerische Anschauung mitbrachten. Schulbildend hat die Mark auf andere Kunstzentren zwar nie gewirkt, dafür war das Ergebnis eine Mischung von ganz eigenem, manchmal sprödem Reiz – eine Poesie der Kargheit, passend zur Landschaft.

Die Besiedlungsanfänge gehen auf den Ostgermanenstamm der Burgunden zurück, die gegen Ende des 4. Jhs. beiderseits der Oder seßhaft wurden. Wie unzählige Ausgrabungen belegen, wanderten im 5. und 6. Jh. slawische Stämme von Osten in das Oder-Gebiet ein und bauten an den Rändern des Flußtals befestigte Siedlungen. Im Sommer 1996 entdeckten Archäologen im Oder-Tal bei Lebus ein großes, spektakuläres Gräberfeld aus dem 4. bis 12. Jh., das über 50 Skelette und verschiedenste Grabbeigaben enthielt, die nun im Brandenburger Landesmuseum für Ur- und Frühgeschichte (Potsdam) wissenschaftlich ausgewertet werden. Darüber hinaus hat fast jedes Heimatmuseum im Land kleinere Siedlungsfunde aus seiner Region ausgestellt.

Architektur

Die Romanik im 12. Jh. sah ihre vornehmste Aufgabe im Sakralbau. Das kam nicht von ungefähr, denn die Askanierfürsten, die ab 1142 den Titel „Markgrafen von Brandenburg" führten, förderten Klostergründungen zur Festigung ihrer Landesherrschaft. Als Beispiele gelten die heute zu Sachsen-Anhalt gehörige Klosterkirche des Prämonstratenserklosters zu Jerichow und das brandenburgische Zinna (s. S. 90). Das spätromanische Kloster Lehnin (s. S. 87 f.) wurde sogar Grabeskirche der Askanier.

Die wegen ihrer wagemutig hohen Deckenwölbung architekturgeschichtlich bedeutendste frühgotische Klosterkirche des norddeutschen Binnenlandes befindet sich im Lausitzer Städtchen Doberlug-Kirchenhain (s. S. 92). Um 1270 ist dann die Backsteingotik in der Mark mit der beeindruckend reich gegliederten Westfassade des Zisterzienserklosters Chorin (s. S. 72) voll präsent. Gebaut wurde am liebsten in rotem, schwarzem oder auch gelb glasiertem Backstein, der in den vielen Tongruben des Landes preiswert gewonnen werden konnte. Zur Zeit der deutschen Kolonisation im 12. und 13. Jh. gründeten die Siedler mit Erlaubnis ihrer Landesherrn Dörfer und Städte, von denen sich einige viel von ihrer ursprünglichen Struktur mit rundum geschlossener Stadtmauer, kleinen Wiekhäusern (halbrunde oder auch eckige Stadtmauertürmchen zur Verteidigung), stattlichen Tortürmen sowie einer Kirche, Rathaus und eng geschachtelten Bürgerhäuschen erhalten haben, wie z. B. in Templin (s. S. 70), Jüterbog (s. S. 90) oder Perleberg (s. S. 54).

Mit der Einführung der Reformation durch Kurfürst Joachim II. im Jahr 1539 gelangte auch allmählich der Kunststil der Renaissance von Italien über Süddeutschland in die Mark Brandenburg. Erhabenste Gebäude dieser Zeit sind die Schloßanlagen, bemerkenswert jedoch auch die eher mittelgroßen Herren- und schlichten Gutshäuser. Diese Domizile des märkischen Landadels wie Schloß Boitzenburg (s. S. 68) oder Gut Ribbeck (s. S. 52) wurden bis ins 19. Jh. errichtet. Heute schätzt man die Zahl der leider oft stark beschädigten Anwesen auf etwa 350.

Mit der Inthronisation des Großen Kurfürsten hielt der Barock ab 1640 Einzug in Berlin und strahlte von da in die Mark Brandenburg aus. Da der Kurfürst in erster Ehe mit der kunstsinnigen Niederländerin Henriette von Nassau-Oranien verheiratet war, wurde das etwas strenge Formengut des Niederländischen in der Mark Mode, was noch heute an Grundriß und Bauschmuck von Schloß Oranienburg (s. S. 62 f.) abzulesen ist.

Baumeister dieser Zeit waren Johann Gregor Memhard (um 1615–1678) und Michael Matthias Smids (1626–1692).

Unter Friedrich II. gelangte das friderizianische Rokoko, wie die spätbarocke Phase in Preußen nach diesem Regenten benannt wird, zur Blüte. Sinnbildliches Beispiel für den Beginn einer neuen Denkweise war der Bau des Potsdamer Schlosses Sanssouci (s. S. 27 ff.) im Jahr 1740. Die Zeit der großen absolutistischen Schlösser, auf die das gesamte Wegesystem eines Parks bis dahin üblicherweise zuführte, war nun vorbei, und so baute Friedrichs Lieblingsarchitekt, Georg Wenzeslaus von Knobelsdorff (1699–1743), das nun nicht mehr so prunkvoll überladene, sondern eher bescheidene, sehr persönlich gehaltene Wohnschlößchen für den König seitlich der Wegeachse des Parks Sanssouci.

Um 1800 begann die Reihe der antikisierenden Bauten des Klassizismus, dessen Hauptvertreter Karl Friedrich Schinkel (1781–1841) war. 1801 gab er mit dem kleinen Pomonatempelchen auf dem Potsdamer Pfingstberg sein Debüt. In der ersten Hälfte des 19. Jhs. entstanden unter den Preußenkönigen Friedrich Wilhelm III. und Friedrich

Ein gelungenes Bauwerk der Romanik ist Kloster Zinna

Karl Friedrich Schinkel (1781 bis 1841), Architekt und Maler

Peter Joseph Lenné (1789–1866), Garten- und Stadtplaner

Wilhelm IV. Schlösser, Kirchen, Villen und Bürgerhäuser nach griechischem und italienischem Vorbild. In den folgenden Jahren avancierte der unglaublich fleißige Schinkel, eine Art Genie im preußischen Beamtenrock, zum Oberlandesbaudirektor. Alles, was in Preußen gebaut wurde, ging über seinen Tisch, und so kommt es, daß man außer seinen großartigen Potsdamer Schöpfungen wie der Nikolaikirche (s. S. 29 f.) oder dem Schloß Charlottenhof (s. S. 28) noch in entlegensten Winkeln des Landes überrascht auf anspruchsvolle Bauten von seiner Hand stößt. Dazu gehören etwa das Ensemble aus Schloß und Kirche in Neuhardenberg (s. S. 79) und die Kirche im spreewäldischen Örtchen Straupitz (s. S. 82).

In enger Übereinstimmung mit Schinkel arbeitete Peter Joseph Lenné (1789 bis 1866), einer der großartigsten Gartenarchitekten des 19. Jhs. im deutschen Sprachraum. Der eine baute ein Haus, der andere gestaltete den dazugehörigen Park.

Lennés Augenmerk war auf eine umfassende Landesverschönerung gerichtet. Nach englischem Vorbild formte und gestaltete er die Natur zu einer Art Gemälde, in dem man Natürliches von Künstlichem nicht mehr unterscheiden konnte: Sanfte Anhöhen boten panoramaartige Ausblicke, harmonisch geschwungene Wege modellierten das Gelände, auf der Wasserfläche eines eigens dafür angelegten Sees spiegelten sich der Himmel und die Uferpflanzen. Zu seinen bekanntesten Werken zählen der Park Sanssouci und der Neue Garten in Potsdam (s. S. 31). Es ist erstaunlich, wie viele private Gartenanlagen in der Mark bis hinauf nach Mecklenburg-Vorpommern von ihm entworfen wurden. Jeder Grundbesitzer und Adelsmann, der etwas auf sich hielt, beauftragte Lenné. Sein großer Widersacher, der famose Lebemann und Gartenpoet Hermann Fürst von Pückler-Muskau (1785–1871; s. S. 43), schuf mit den Parks in Babelsberg, Bad Muskau und Branitz bei Cottbus (s. S. 44) drei weitere Höhepunkte der englischen Landschaftskunst in Preußen.

Aus der Zeit nach der Jahrhundertwende und dem Ersten Weltkrieg findet man in der Mark originelle Bauwerke herausragender Architekten wie etwa das Cottbuser Jugendstiltheater von Bernhard Sehring (s. S. 40 f.).

Den sachlich-kühleren Stil des Deutschen Werkbundes vertraten Bruno Möhring (1863–1929) mit seinem Bismarck-Turm in spreewäldischen Burg Kauper (s. S. 84), Erich Mendelsohn (1887–1953) mit dem Potsdamer Einstein-Turm und der Luckenwalder Hutfabrik oder Hermann Muthesius (1861 bis 1927) mit der ersten deutschen Großfunkstelle in Nauen (s. S. 52).

Ziel des Sozialistischen Realismus in der DDR, zu deren Territorium die Mark Brandenburg ab 1949 gehörte, war eine „Entpreußung der Landschaft", die den erbarmungslosen Abriß wiederaufbaufähiger Baukunst zur Folge hatte.

Literatur

Die Literatur, die in der Mark keine eigene Tradition hervorgebracht, sondern eher von Impulsen aus Berlin gelebt hat, nahm im 17. Jh. einen eher zögerlichen Anfang: Da er die kurfürstlich angeordnete, calvinistisch beeinflußte Glaubensrichtung nicht akzeptieren konnte, zog sich der protestantisch-lutherisch erzogene Erzdiakon Paul Gerhardt (1607–1676) im Jahr 1669 nach Lübben in den Spreewald zurück (s. S. 82) und dichtete hier einige der innigsten und schönsten evangelischen Kirchenlieder.

Im 18. Jh. gab der liberale Friedrich der Große der eleganteren französischen Sprache den Vorzug, parlierte mit Voltaire und ließ sich von dem Kopf der französischen Aufklärung in Poetik unterrichten. Währenddessen Gotthold Ephraim Lessing 1755 in einem Potsdamer Bürgerhaus in aller Stille die erste deutschsprachige Tragödie „Miss Sara Sampson" verfaßte, ohne daß irgend jemand groß davon Notiz genommen hätte.

Während der Aufklärung und der Romantik des ausgehenden 18. und frühen 19. Jhs. kamen die Impulse eher aus den literarischen Salons intellektueller und emanzipierter Frauen wie Henriette Herz und Rahel Varnhagen von Ense in Berlin. Doch zog es durch Heirat – aber auch wegen der billigeren Lebensweise – einige Literaten aufs märkische Land. So lebte der Märchen- und Novellendichter Friedrich de la Motte Fouqué (1777–1843) mit der Schriftstellerin Karoline von Rochow im schwiegerelterlichen Herrenhaus Nennhausen bei Rathenow (s. S. 50 f.). 1814 bezogen Bettina von Arnim, geborene Brentano (1785–1859), und Achim von Arnim (1781–1831) das ererbte Landgut Wiepersdorf im Niederen Fläming (s. S. 91). Erst nach dem Tod ihres Mannes machte sich die engagierte Bettina durch die Titel „Goethes

*Denkmal des Schriftstellers
Theodor Fontane in Neuruppin*

Fontane neu entdeckt

Ohne Theodor Fontane (1819–1898) geht in Brandenburg mittlerweile gar nichts mehr. Seit der Wende ist der Romancier mit seinem reiseschriftstellerischen Hauptwerk, den „Wanderungen durch die Mark Brandenburg", wieder absolut „in". Egal, wohin man kommt, Fontane war schon da. Diese Spaziergänge durchs Land verfaßte er zwischen 1862 und 1882 in vier Bänden: „Die Grafschaft Ruppin", „Das Oderland", „Ost-Havelland – die Landschaften um Spandau, Potsdam, Brandenburg" und „Spreeland – Beeskow-Storkow und Barnim-Teltow". Die allerneusten Forschungen über den alten Fontane kann man in den „Fontaneblättern" nachlesen, die das Potsdamer Fontane-Archiv gemeinsam mit der Theodor-Fontane-Gesellschaft herausgibt.

Der geborene Neuruppiner hugenottischer Abstammung debütierte zwar schon als Zwanzigjähriger mit ersten Gedichten und der Novelle „Geschwisterliebe" im Berliner Figaro, mußte sich aber aus finanziellen Gründen in Leipzig als Apotheker verdingen, bevor er 1842 nach Berlin übersiedelte, wo er mit großer innerer Stetigkeit sich allmählich zum freien Schriftsteller entwickelte.

Fontanes „Wanderungen" vereinen Gegenwartsschilderung mit Geschichtsforschung, Volkskunde und Personendarstellungen – sie sind ohne Vorbild in der deutschen Reiseliteratur. Seine vorzügliche Beobachtungsgabe und sein warmherziger, unpathetischer, oft humorvoller Stil machten ihn beliebt. Und natürlich sind auch seine zahlreichen Romane, wie beispielsweise sein Alterswerk „Der Stechlin", größtenteils in der Mark angesiedelt und als untermalende Ferienlektüre überaus geeignet.

Briefwechsel mit einem Kinde" und „Dies Buch gehört dem König" einen eigenen Namen.

Als Sohn eines preußischen Majors aus altem märkischen Adelsgeschlecht wurde Heinrich von Kleist (1777–1811) in Frankfurt (Oder) geboren (s. S. 36). Nach einer für ihn vollkommen unpassenden Ausbildung im Potsdamer Garderegiment und der Teilnahme am Rheinfeldzug gab er 1799 die militärische Laufbahn auf und verfaßte bis zu seinem Freitod im Alter von 34 Jahren seine wichtigsten Werke wie die Komödie „Der zerbrochene Krug" oder die Erzählung „Michael Kohlhaas".

Von 1852 bis 1854 lebte Theodor Storm (1817–1888) im Holländischen Viertel in Potsdam. Wegen seines unerschrockenen Engagements für die schleswig-holsteinische Nationalbewegung war der ausgebildete Jurist von den dänischen Behörden aus Husum an das Kreisgericht Potsdam strafversetzt worden, traf sich hier allerdings mit Freunden eines Berliner Literaturzirkels, dem auch Theodor Fontane (s. S. 60) angehörte.

Der Aufschwung der freien Presse und des Kabaretts im Berlin der 20er Jahre zeigte starke Auswirkungen in der Provinz. In Potsdam saßen die pazifistischen Schriftsteller Kurt Tucholsky (1890–1935) und Carl von Ossietzky (1889–1938) bei einem Gläschen im Café Rabien und lasen die Fahnen ihrer stark linksgerichteten Zeitschrift „Die Weltbühne", die im benachbarten Druckhaus Stein erschien. Ein Stückchen nördliches Brandenburg hatte der junge Tucholsky schon 1912 mit seiner Erzählung „Rheinsberg – Ein Bilderbuch für Verliebte" in aller Welt bekannt gemacht.

In den 30er Jahren setzte der Lyriker und Erzähler Jochen Klepper (1903 bis 1942) mit seinem Titel „Der Vater" dem Soldatenkönig Friedrich Wilhelm I. ein Denkmal. Klepper verband eine Freundschaft mit dem von den Nazis verfemten Lyriker Reinhold Schneider (1903–1958), der in Potsdam wohnte und arbeitete. Von den Nationalsozialisten vereinnahmt wurden hingegen die Werke des Schweizers Jakob Schaffner (1875–1944), der in seiner Deutschlandbegeisterung auch deutsche Landschaften beschrieb, darunter 1938 „Die Landschaft Brandenburg".

Der Pflege einer lebendigen literarischen Szene im ganzen Land widmet sich seit der Wende das im traditionsreichen Potsdamer Druckhaus Stein ansässige Brandenburgische Literaturbüro durch Veranstaltung von Ausstellungen und Lesereihen im Ost-West- und im internationalen Austausch.

Musikland Brandenburg

Wie Pilze sind die kleineren und größeren Musikfeste in Brandenburg seit der Wende aus dem Boden geschossen. Vor allem in den Sommermonaten hat Musik hier Hochkonjunktur, denn die Lust an der Fahrt über Land in Verbindung mit einem abendlichen Konzertbesuch treibt nicht nur die Brandenburger selbst aus dem Häuschen, sondern auch so manchen großstadtmüden Berliner in die Provinz. In Kirchen oder Open-air-Klosterhöfen wie Chorin (s. S. 72) ist die Atmosphäre meist besonders stimmungsvoll. Allein 43 Musikreihen und -festivals zählte das Kulturministerium 1996. Die attraktivsten, mit einem Klang, der weit über Brandenburgs Grenzen hinausreicht, sind unter „Feste und Veranstaltungen" (s. rechts) verzeichnet.

Und noch ein weiteres Erbe bietet musikalischen Hochgenuß: Seit Anfang des vorigen Jahrhunderts versorgt die weltbekannte und traditionsreiche Orgelbauanstalt Alexander Schuke nicht nur die zahlreichen Kirchen der Mark mit Orgelpfeifen. Seine erste Orgel baute der kleine traditionsreiche Potsdamer Betrieb für die dortige Nikolaikirche (s. S. 29 f.); das größte Werk, mit 6000 Pfeifen und 91 Registern entstand für das renommierte Leipziger Gewandhaus.

Feste und Veranstaltungen

März: *Frankfurter Musikfesttage* in Frankfurt (Oder) und Polen; langjährige Reihe mit über 20 Veranstaltungen von Bach bis Gospel, die jedes Jahr unter einem anderen Motto stehen (Karten: ☎ 03 35/6 80 27 04 oder 32 52 16). *Kultursommer Märkische Schweiz* mit Konzerten, Lesungen, Ausstellungen und Festen in den Dörfern Ostbrandenburgs (bis Dezember; Info beim FVA Märkische Schweiz Buckow, ☎ 03 34 33/5 75 00). *Internationale Ostereierausstellung mit Spreewald-Brauchtum* in Eisenhüttenstadt (bis Ende April).

April: *Deutsche Meisterschaft im Motocross* in Templin. *Baumblütenfest* in Werder/Havel mit Obstweinausschank (bis Anfang Mai).

Potsdamer Hofkonzerte mit Klassik-Konzerten im Schloßtheater des Neuen Palais und in der Friedenskirche Sanssouci (bis Dezember, Karten ☎ 03 31/29 30 38).

Mai: *Töpfermarkt* im Holländischen Viertel in Potsdam. *Internationales Speedway-Rennen* auf dem Heidering in Wittstock. *Fürst-Pückler-Festspiele* im BUGA-Park Cottbus (bis Oktober).

Pfingsten: Ein Pfingst-Bonbon bieten die *Rheinsberger Musiktage* mit Chor-, Instrumental- und Solistenkonzerten in Schloß, Park und Laurentiuskirche (Karten: ☎ 03 39 31/20 59).

Juni: *Musikfestspiele Potsdam-Sanssouci* mit Konzerten in Schlössern, Gärten und Kirchen (Karten: ☎ 03 31/29 38 59 oder 2 70 98 64). *Brandenburgische Sommerkonzerte* – die Veranstaltungen in den schönsten Kirchen, Klöstern, Schlössern und Konzertsälen Brandenburgs werden mit ländlich-rustikalen Tafelfreuden kombiniert, Erlöse kommen der Denkmalpflege zugute (bis September; Karten: ☎ 0 30/89 69 06 30). *Spargel-*

markt in Perleberg. *Uckermärkische Tage* in Angermünde (s. S. 72) . *Böhmisches Weberfest* in Potsdam-Babelsberg. *Deutsch-Polnisches Oderfest* in Frankfurt (Oder) und Slubice. *Choriner Musiksommer,* eine populäre Konzertreihe mit internationalen Orchestern und Solisten in romantischer Kulisse der frühgotischen Zisterzienserklosterruine (bis Ende August; Karten: Mo–Fr 8–13 Uhr; ☎ 0 33 34/65 73 10 oder 03 33 66/2 06).

Juli/August: In der *Kammeroper Schloß Rheinsberg* finden Konzerte, Liederabende und Opernaufführungen in unkonventioneller Open-air-Atmosphäre vor der Schloßkulisse statt (Karten: ☎ 03 39 31/20 59).

August: *Internationales Landschaftspleinair* mit polnischen und deutschen Künstlern in Schwedt. Großes *Klosterspektakel* mit Kulturprogramm in Kloster Zinna. *Heimat- und Trachtenfest* mit Festumzug in Burg/Spreewald.

September: *Hengstparade* auf dem Landgestüt in Neustadt/Dosse. *Pritzwalker Preußenjagd* in die Prignitz. *Töpfermarkt* im Holländischen Viertel in Potsdam. *Historische Festtage* in Templin mit Theatergruppen, Erntedankfestzug und Rennen auf der Trabrennbahn Templin-Lindenhof.

Oktober: *Lesbisch-Schwules Landeskulturfest* in Cottbus mit Kino, Musik und großer Gala. *Rheinsberger Töpfermarkt.* *Handwerkermarkt* im Ofen- und Keramikmuseum Velten.

Dezember: *Weihnachtsmärkte* meist mit Präsentation kunsthandwerklicher Traditionen in Bad Liebenwerda, Belzig, Brandenburg/Havel, Cottbus, Eisenhüttenstadt, Elsterwerda, Fürstenwalde, Königs Wusterhausen, Kyritz, Luckau, Neuzelle, Rathenow, Schwedt, Wittenberge, Wittstock und Wulkow.

Saure Gurken, zarter Spargel

Urlaub aktiv

Zu Lande

Die brandenburgische Küche ist international und regional zugleich. Imbißbuden für Pizza-, Pommes-frites- und Döner-kebab-Verliebte gibt es an jeder Ecke, und auch die notorische Soljanka, eine russisch inspirierte Gemüsesuppe, die zu DDR-Zeiten Hochkonjunktur hatte, wird immer noch gerne aufgetischt. Längst sind die Köche an Spree und Havel jedoch auch auf Gäste eingestellt, die die ureigenen Landsspezialitäten kosten wollen – und diese Küche ist einfach und herzhaft. Das hat freilich viel mit der Geschichte zu tun, denn die Mehrheit der Märker war arm und ernährte sich von dem, was selbst angebaut bzw. gefangen werden konnte.

Zum Grundstock eines echt brandenburgischen Essens gehören Aal, Hecht, Karpfen, Zander, Rippenfleisch, Kartoffeln, Blumenkohl, rote Bete, Kürbis und Buttermilch. Dazu steuern die unterschiedlichen Regionen ihre Spezialitäten bei: Das Sauerkraut kommt aus dem Oderbruch, der Spargel vom Hohen Fläming und aus Teltow die zarten weißen Rübchen, für die sich schon Goethe und Heinrich Heine begeisterten. Exportschlager aus der Niederlausitz sind pikanter Meerrettich und saure Gurken.

Wer klassisch spreewäldisch essen will, wähle eine Gurkensuppe mit Pökelrippchen zur Vorspeise und nehme sich ein Beispiel an dem geflügelten Wort der Lausitz: „Was macht den Spreewälder stark? Pellkartoffeln, Leinöl und Quark!" Zum Nachtisch empfehlen sich Hefeplinsen: goldbraune Eierkuchen, überzogen mit zerlassener Butter oder bestreut mit Zimt und Zucker. Eine deftige Mahlzeit beschließt idealerweise ein würziger Spreewaldbitter oder ein gut gekühlter Cottbuser Korn.

Vom schwindelerregenden Bergsteigen einmal abgesehen sind der sportlichen Betätigung in Brandenburg keine Grenzen gesetzt. Regionen wie das Oderbruch, der Fläming oder die Märkische Heide eignen sich beispielsweise hervorragend für stundenlange *Ausritte* und *Kutschfahrten;* zum Thema Ferien auf dem Reiterhof siehe unten.

Wer den Rucksack gerne schnürt, ist in Brandenburg richtig, denn die zahlreichen Naturparks und die zwei Biosphärenreservate (s. S. 71 und 81) bieten sich für *Wanderungen* geradezu an und garantieren die schönsten Naturerlebnisse. Zudem haben viele Gemeinden ihre Umgebung mit ausgeschilderten Wanderwegen versehen. Entsprechende Wanderkarten in größerem Maßstab sind im heimischen Buchladen zu kaufen oder bei den Fremdenverkehrsämtern (siehe ❶) vor Ort zu bestellen.

Was das *Fahrradfahren* angeht, muß man in Brandenburg zuweilen etwas Geduld mitbringen, denn in Deutschlands „Streusandbüchse" Nummer 1

Tip: Bauern- und Reiterhöfe

Immer mehr Bauern-, Reit- oder Öko-Höfe vermieten Zimmer oder auch Kleinwohnungen, die ein erfrischendes Urlaubserlebnis fern vom städtischen Trubel garantieren. Der Verein zur Förderung von Urlaub auf dem Lande e.V., Am Raubfang 6, 14469 Potsdam, ☎ ☒ 03 31/ 50 00 37, verschickt die übersichtlich nach Regionen geordnete und informativ bebilderte Broschüre „Landurlaub in Brandenburg".

werden die Touren auf sandigen Feld- wegen und Naturpfaden schnell zur Schiebepartie. Es empfiehlt sich des- halb eine Art Trecking-Rad mit etwas breiteren Reifen und gutem Profil. Wer kein eigenes Vehikel besitzt, kann eines leihen. Viele Hotels und Pensionen sind mittlerweile darauf eingestellt, auch verleiht die Deutsche Bahn AG an zahl- reichen Bahnhöfen Mieträder. Bei den regionalen Touristikbüros erhält man spezielle Radwanderkarten.

Seit 1989 können passionierte *Golfer* in nunmehr elf Klubs einlochen, die sich alle ringförmig um Berlin gruppieren. Über Adressen und Standards der ein- zelnen Klubs sowie die Turniertermine der Saison von April bis Oktober infor- miert der Golfverband Berlin-Branden- burg e.V., Harderslebener Str. 26, 12163 Berlin, ☎ 0 30/8 23 66 09. Wer sich vor- her ein bißchen einlesen will, kann die Zeitschrift „Golf in Berlin und Bran- denburg" erstehen.

In und auf dem Wasser

Für Wassersportler sind die herrlichen Seen, mit denen besonders das Havel- land, das Ruppiner Land und die Uckermark reichlich bedacht sind, das reinste Eldorado. Oft hat man die Qual der Wahl, ob man *schwimmen* oder lie- ber *surfen, rudern, paddeln* und *segeln* oder *Wasserski* und *Motorboot fahren* soll (s. S. 94). Die meisten Seen haben Sand- oder Grasstrände, so daß auch sonnenanbetende Faulenzer auf ihre Kosten kommen. Besonders idyllisch sind *Kanutouren* durch den Spreewald.

Daß hier außerdem viel geangelt wird, versteht sich fast von selbst (nur mit Angelkarte; s. S. 94). Auch an eiskalten Wintertagen hocken unerschrockene *Angler* mit Klappstühlen und Eispickel auf der zugefrorenen Wasserfläche.

In besonders harten Wintern kommt es schon einmal vor, daß die Seen bis zu 3 m tief zufrieren; dann kann man nach Herzenslust *Schlittschuhlaufen* oder sogar ganze Inseln auf dem Eis umwandern.

Sommerlicher Freizeitspaß am Havelsee

Ruhiges Plätzchen zum Angeln bei Eberswalde

Unterkunft

Reisewege und Verkehrsmittel

Hotels und Pensionen

Insbesondere in den großen Städten des Landes Brandenburg sind mittlerweile ausreichend Hotels und Pensionen aller Kategorien vorhanden. Die umfangreiche Jahresbroschüre „Übernachten im Land Brandenburg" verschickt auf Anfrage kostenlos der Landesfremdenverkehrsverband Brandenburg e. V. (s. S. 93).

Privatunterkünfte

Bei den üblicherweise preiswerteren Privatunterkünften in der Provinz ist es durchaus zu empfehlen, sich vorab etwas genauer nach dem gebotenen Komfort zu erkundigen. Wer auf der Suche nach einem angenehmen Zimmer ist, sollte auf das Logo mit einer dampfenden Kaffeetasse und einem knackigen Brötchen, die gemütlich auf einer Daunenfeder liegen, achten. Unterkünfte mit diesen Schildern sind vom Landesfremdenverkehrsverband getestet. Informationen erteilen die Regionalverbände (s. S. 93).

Camping

Brandenburgs Campingplätze werden immer beliebter – die Qualität der Stellplätze und sanitären Einrichtungen wird von Saison zu Saison besser. Eine Übersichtskarte mit Anschriften, Öffnungszeiten und genauer Ausstattung versendet der Landesfremdenverkehrsverband Brandenburg e. V. (s. S. 93).

Jugendherbergen

Adressen und Auskünfte gibt die Geschäftsstelle des DJH Landesverband Berlin-Brandenburg, Tempelhofer Ufer 32, 10963 Berlin, ☎ 0 30/2 64 95 20, ☎ 2 62 04 37, oder der Landesfremdenverkehrsverband Brandenburg e. V. (s. S. 93).

Anreise

Wer mit dem *Flugzeug* reisen möchte, fliegt derzeit noch nach Berlin-Tegel, -Tempelhof oder -Schönefeld; von dort bestehen Zugverbindungen in die Region. Der Großflughafen Berlin-Brandenburg ist in Planung. Zwischen Berlin und vielen anderen deutschen Großstädten, besteht ein *ICE-Pendelverkehr* mit 180–200 km/h; eine Transrapid-Trasse Hamburg–Berlin ist in Vorbereitung.

Das Land ist von einem gut ausgebauten und mittlerweile fast überall frisch asphaltierten *Autobahnnetz* durchzogen, das aus allen Himmelsrichtungen strahlenförmig auf Berlin zuführt (A 2 Hannover–Berlin, A 24 Hamburg–Berlin, A 19 Rostock–Berlin, A 11 Szczecin (Stettin)–Berlin, A 12 Frankfurt (Oder)–Berlin, A 9 Nürnberg–Berlin); von dort gelangt man in die einzelnen Regionen Brandenburgs.

Unterwegs in Brandenburg

Wer nicht nur rasant vorbeifliegende Landschaftsimpressionen haben, sondern mehr von Land und Leuten sehen will, für den ist ein Auto freilich unumgänglich. Der öffentliche Personennahverkehr ist leider nicht optimal ausgebaut. Leider stellt auch die Deutsche Bahn AG den Zugverkehr auf untergeordneten und daher weniger frequentierten Strecken aus Kostengründen immer mehr ein. Zugauskünfte für ganz Brandenburg vermittelt die Deutsche Bahn AG unter der zentralen Nummer ☎ 0 30/1 94 19.

Ein besonders kostbares Erbe Brandenburgs sind seine Alleen

** Potsdam

Königin der Schlösser und Gärten

*** Schlösser und Gärten Sanssouci – Nikolaikirche – ** Holländisches Viertel – * Schloßpark Babelsberg

In Potsdam haben zu allen Zeiten Regenten, Architekten und Gartenkünstler das Element Wasser in die Gestaltung ihrer Werke miteinbezogen: Rundum ist die Kleinstadt von der Havel umflossen, die sich mal zu größeren, mal zu kleineren Seen – wie dem Jungfernsee, dem Tiefen See oder dem Schwielowsee – erweitert. So gleicht Potsdam einer Insel, die besonders zur Sommerszeit einen ungemeinen Reiz ausstrahlt. In ihrer Mitte zeigt sich die einstige Hohenzollernresidenz und heutige Landeshauptstadt als idyllisches Provinznest, das bis heute von seinem großen kulturhistorischen Erbe, den Schlössern und Gärten, lebt. Hier bietet beinahe jeder Stein Gelegenheit, an die Historie anzuknüpfen, doch gibt es auch eine Gegenwart in der Landeshauptstadt mit ihren 136 300 Einwohnern, die nach einem moderneren Image sucht, ohne dabei die Schönheiten des Überlieferten preisgeben zu wollen.

Für eine ausführliche, geruhsame Besichtigung sollte man sich zwei Tage Zeit nehmen.

Geschichte

Potsdam wurde erstmals 993 in einer Schenkungsurkunde Kaiser Ottos III. erwähnt. Zur Grenzsicherung gegen Slawen und Polen setzte der aus dem Fürstengeschlecht der Askanier stammende Albrecht der Bär, späterer Markgraf von Brandenburg, seinen Vogt in die alte slawische Burganlage Potsdams.

Die Machtentfaltung des Hauses Hohenzollern in Potsdam begann 1417 mit der Thronbesteigung Friedrichs I. Seitdem bestimmten Politik und Kunstsinn dieses Herrscherhauses für über 500 Jahre die Geschicke der Stadt – bis zur Abdankung im Jahr 1918. Nach Beendigung des Dreißigjährigen Krieges (1618–1648) wählte der Große Kurfürst Friedrich Wilhelm Potsdam zur Zweitresidenz neben Berlin, womit die Entwicklung zu einer ausschießlich von kurfürstlichem, später von königlichem Willen gestalteten Stadt ihren Anfang nahm. Mit dem Edikt von Potsdam (1685) wurden verfolgte französische Hugenotten ins Land geholt, denen niederländische, pfälzische und westfälische Siedler folgten. Unter der Knute des gestrengen Soldatenkönigs Friedrich Wilhelm I. und seines Sohnes Friedrichs II., genannt der Große, wurde Potsdam einerseits als Garnisonstadt, andererseits mit dem Bau von Schloß Sanssouci aber auch zum Sinnbild preußisch-deutscher Geschichte. Seit Mitte des 18. Jhs. war die Altstadt, zu der auch das Holländische Viertel zählt, von einem Ring aus fünf heute noch vorhandenen Vorstädten umschlossen: der Berliner, Nauener, Jäger-, Brandenburger und, auf dem linken Havel-Ufer, der Teltower Vorstadt. Die vornehmen Mietshäuser und Villen dieser Bezirke läuteten Potsdams Entwicklung zum konservativen Hofbeamten- und Pensionärsdomizil ein, das es bis zum Ausbruch des Zweiten Weltkriegs auch blieb.

Am 21. März 1933, dem „Tag von Potsdam", der in einem Händedruck zwischen dem aufstrebenden Hitler und dem alternden Reichspräsidenten von Hindenburg gipfelte, begingen die Nationalsozialisten ihre Machtübernahme mit einem Festakt in der Garnisonkirche. Am 14. April 1945 wurde der historische Stadtkern mit seinen prächtigen barocken, klassizistischen und wilhelminischen Bauwerken durch einen Bombenangriff der Royal Air Force zum flammenden Inferno. Der DDR-Staat stellte zwar Gebäude wie die Nikolaikirche, das Alte Rathaus und zahlreiche Bürgerhäuser wieder her, ließ aber das durchaus wiederaufbaufähige Stadtschloß und die Garnisonkirche als „Inkarnation des preußischen Militarismus" trotz der Proteste aus aller Welt sprengen. Weitere Abrisse von Bürgerhäusern wurden 1989 glücklicherweise durch die veränderten politischen Verhältnisse gestoppt.

Rundgang durch die *** Schlösser und Gärten Sanssouci

Der publikumsträchtigste Anziehungspunkt Potsdams ist das 280 ha große Parkareal der Schlösser und Gärten Sanssouci, mit seiner Hauptsehenswürdigkeit *** Schloß Sanssouci ❶. 1744 ließ sich Friedrich der Große das gerade einmal zwölf Zimmer kleine Sommerschlößchen „Ohne Sorge" nach seinen ganz persönlichen Vorstellungen durch Georg Wenzeslaus von Knobelsdorff auf einem Weinberg errichten. Kein anderes Potsdamer Bauwerk repräsentiert so vollendet das friderizianische Rokoko wie Schloß Sanssouci mit seinen wertvollen Deckenverzierungen, den edlen Marmorintarsien der Fußböden und den zierlich-geschwungenen Möbeln. Im Zwanzig-Minuten-Takt führen die Mitarbeiter der Schlösserstiftung das mit Filzpantoffeln beschuhte Publikum durch die kleine Residenz. Dabei sind das *Konzertzimmer*, die holzgetäfelte *Bibliothek* sowie die *Schlaf-* und *Arbeitsräume* Friedrichs genauso zu betrachten wie der festliche *Marmorsaal*, in dem die berühmten „Tafelrunden von Sanssouci" abgehalten wurden, bei denen auch der französische Philosoph Voltaire zu Gast war (☉ Di–So April bis 15. Okt. 9–17, 16. Okt. bis

1744 ließ sich Friedrich der Große das Schloß Sanssouci auf einem Weinberg errichten

Vergoldete chinesische Figurengruppen umgeben die Palmensäulen am Chinesischen Teehaus

Die Römischen Bäder im Schloßpark von Sanssouci

31. Okt., Febr. bis März 9–16, Nov. bis Jan. 9–15 Uhr; Pause 12.30–13 Uhr).

Wer aufgrund des hohen Besucherandrangs warten muß, kann sich schon einmal auf der östlichen Seite der *Schloßterrasse* die *Grabstätte Friedrichs des Großen* ansehen. Unter großer Anteilnahme der Öffentlichkeit wurde der Sarg des Preußenkönigs an seinem 205. Todestag, dem 17. August 1991, von der Burg Hohenzollern hierher überführt.

Hinter dem Schloß ragt das große Flügelrad der **Historischen Windmühle ❷** auf, mit der sich die Anekdote von dem Müller verbindet, der es erfolgreich wagte, Friedrich dem Großen Paroli zu bieten, weil das neuerbaute Schloß ihm angeblich den Wind nahm. Tatsächlich spielte sich diese Geschichte aber bei einer ganz anderen Mühle in der Neumark ab (◷ Di–So April bis 13. Okt. 10–18 Uhr).

Da seine Gemäldesammlung immer mehr anwuchs, ließ Friedrich die **Bildergalerie ❸** 1755 als erstes Museum auf deutschem Boden erbauen. Dicht an dicht hängen in dem langen, prächtig vergoldeten Saal ebenso großformatige wie auch imposante Werke unter anderem von Rubens, van Dyck, Caravaggio und Tintoretto (◷ 11. Mai bis 15. Okt. Mi–So 9 bis 17 Uhr). In den sogenannten **Neuen Kammern ❹**, in denen Friedrich gern seine Gäste beherbergte, befindet sich die *Ovidgalerie,* benannt nach ihrem Wandschmuck mit Figuren aus den berühmten „Metamorphosen" des Dichters (◷ Sa–Do April bis 15. Okt. 9–17, 16. Okt. bis 31. Okt., Febr. bis März 9–16, Nov. bis Jan. 9–15 Uhr; Pause 12–12.30 Uhr).

Im **Drachenhaus ❺** an der *Maulbeerallee,* das Friedrich im Stil einer chinesischen Pagode errichten ließ, befindet sich ein hübsches *Café,* das selbstgebackenen Kuchen anbietet (◷ April bis Okt. tgl. 11–19, Nov. bis März tgl. 11 bis 18 Uhr; ⑤). Ein weiteres Beispiel der Chinamode, die während des Rokoko in Europa höchst aktuell war, ist das

Chinesische Teehaus ❻ im *Rehgarten,* wie der Parkteil südwestlich vom Schloß wegen seines Wildbestands heißt. Auf dem Dach des kleeblattförmigen Tempelchens sitzt ein dicker Mandarin unter einem Sonnenschirm, unten umringt eine Schar grell vergoldeter Chinesenfiguren die Palmensäulen (◷ Sa bis Do 11. Mai bis 13. Okt. 9–17 Uhr; Pause 12–12.30 Uhr).

Der letzte Schloßbau, mit dem Friedrich der Große der Welt nach dem Siebenjährigen Krieg (1756–1763) noch einmal zeigen wollte, was Preußen alles kann, ist das **Neue Palais** mit den beiden **Communs ❼**, den Dienerschaftsgebäuden, am Ende des Hauptwegs. Eine Kuriosität, übersät mit tausenderlei Muscheln, Mineralien, Fossilien und Schmucksteinen an Decke, Wänden und Fußboden ist der *Grottensaal* im Erdgeschoß dieses gewaltigen Schlosses. Hier pflegte Kaiser Wilhelm II. nebst Gemahlin, Kindern und Enkeln gern das Weihnachtsfest zu begehen (◷ Mi–Mo April bis 15. Okt. 9–17, 16. Okt. bis 31. Okt., Febr. bis März 9–16, Nov. bis Jan. 9–15 Uhr; Pause 12.45–13.15 Uhr).

Architektonische Schöpfungen König Friedrich Wilhelms IV., der wegen seiner grenzenlosen Begeisterung für die Kunst und dem damit gepaarten Unvermögen, auf die politischen Erfordernisse der Revolution von 1848 staatsmännisch zu reagieren, als „Romantiker auf dem Throne" in die Geschichte einging, sind italienisch anmutende Bauten wie die **Orangerie ❽** (◷ Fr–Mi 11. Mai bis 13. Okt. 9–17 Uhr; Pause 12–13 Uhr) und **∗∗ Schloß Charlottenhof ❾**. Einen ganz eigenen Zauber strahlt das mit blau-weißen Stoffbahnen drapierte *Zeltzimmer* aus, in dem der Naturforscher Alexander von Humboldt als Diplomat in preußischen Diensten zwischen 1835 und 1840 gelegentlich nächtigte (◷ Do–Di 11. Mai bis 13. Okt. 9–17 Uhr; Pause 12.30 bis 13 Uhr). Eine ganz besonders charmante, südländische Ausstrahlung haben die **Römischen Bäder ❿**, eine 1830 von

Ludwig Persius unter Anleitung seines Lehrers Karl Friedrich Schinkel entworfene Gebäudegruppe. Integriert sind nach der Antike gestaltete Räume wie das *Apodyterium* (Auskleideraum), das *Caldarium* (Warmbad) und das *Impluvium* (Auffangbecken). Ein richtiges Prunkstück ist die grüne Jaspis-Badewanne im *Atrium* (Empfangsraum), die der russische Zar Nikolaus I. seinem Schwager Friedrich Wilhelm IV. schenkte. Tatsächlich gebadet hat der Beschenkte hier allerdings nie (🕐 Fr bis Mi 11. Mai bis 13. Okt. 9–17 Uhr; Pause 12–12.30 Uhr).

Bestattet ist der König neben seiner Gemahlin Elisabeth von Bayern in der Gruft unterhalb des Chorraums der **Friedenskirche ⓫**, die sich malerisch im Wasser des gleichnamigen Teiches spiegelt (🕐 Ostern bis 15. Okt. tgl. 10–18 Uhr). Der Soldatenkönig Friedrich Wilhelm I. fand seine letzte Ruhe in unmittelbarer Nähe, im *Mausoleum* neben dem *Kreuzgang* (🕐 15. Mai bis 15. Okt.; Einsicht durch das Portalgitter ganzjährig möglich).

Stadtrundgang

Ausgangspunkt für einen Spaziergang durch die Altstadt ist Potsdams „gute Stube", der *Alte Markt* mit der **Nikolaikirche ⓬**. Nach seinem eigenen Aus-

❶ Schloß Sanssouci
❷ Historische Windmühle
❸ Bildergalerie
❹ Neue Kammern
❺ Drachenhaus
❻ Chinesisches Teehaus
❼ Neues Palais mit Communs
❽ Orangerie
❾ Schloß Charlottenhof
❿ Römische Bäder
⓫ Friedenskirche
⓬ Nikolaikirche
⓭ Altes Rathaus
⓮ Hans-Otto-Theater
⓯ Filmmuseum
⓰ Neuer Markt
⓱ Glockenspiel
⓲ Potsdam-Museum
⓳ Maurische Moschee
⓴ Brandenburger Tor
㉑ St. Peter und Paul
㉒ Holländisches Viertel
㉓ Nauener Tor
㉔ Jägertor
㉕ Neuer Garten
㉖ Babelsberger Schloßpark

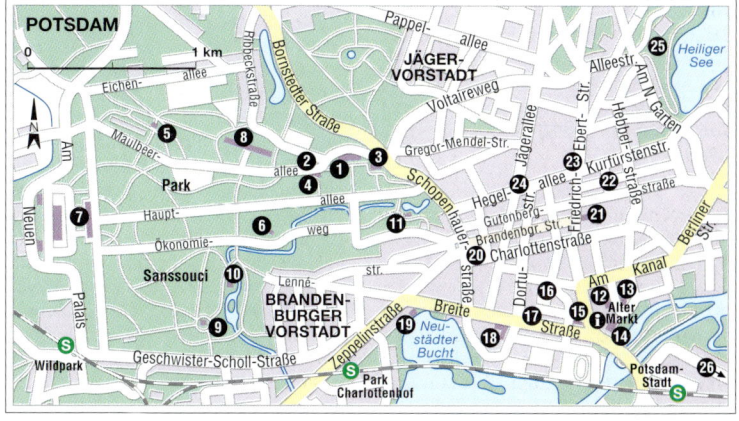

spruch „Kreuzschock Schwerenoth! Ich genehmige alles", der die spendable und zugleich anfällige Seite des kunstsinnigen Friedrich Wilhelm IV. dokumentiert, genehmigte der Monarch gleich nach seinem Regierungsantritt Karl Friedrich Schinkel den Aufbau der Kuppel für die Nikolaikirche; sein Vater, Friedrich Wilhelm III., hatte einen solch monumentalen Dachabschluß zu Lebzeiten aus Geiz verhindert. Im **Alten Rathaus ⓭**, das heute als städtisches Kulturzentrum dient, ist in den niedrigen Gewölberäumen der Bacchuskeller, ein Weinlokal mit gutbürgerlicher Küche untergebracht (🕐 Mo bis Sa 18 bis 24 Uhr; Ⓢ). Das **Hans-Otto-Theater ⓮**, das zur Zeit seine Vorstellungen in dem als „Blechbüchse" verspotteten, metallverkleideten Raum gibt, wird in den nächsten Jahren wieder in sein Stammhaus in der Zimmerstraße umziehen. Über einen Wiederaufbau des *Stadtschlosses,* das das SED-Regime 1960 aus politischen Gründen abreißen ließ, wird in Potsdam noch diskutiert.

Im königlichen *Marstall,* der einst die Pferde der Kavallerie beherbergte, hat das **Filmmuseum ⓯** sein Domizil. Aufgrund der Babelsberger Ufa-Studios, die nach dem Zweiten Weltkrieg unter dem Namen der Defa weiterproduzierten, spielt der Kinofilm in Potsdam bis heute eine besondere Rolle. So ist das Museum mit den ungewöhnlichsten Babelsberger Filmrequisiten gespickt, unter anderem mit Kostümen von Marlene Dietrich und Zarah Leander oder auch einer Welte-Kino-Orgel aus der Stummfilmzeit (🕐 Di–Fr 10–17, Sa/So 10–18 Uhr).

Hinter dem Marstall liegt ein weniger frequentierter, aber sehr romantischer innerstädtischer Platz, der * **Neue Markt ⓰** mit der *Ratswaage* und dem einstigen *Kutschstall* Friedrichs des Großen. Was aus dem maroden Gebäude wird, in dem ab und zu Kunstausstellungen stattfinden, ist noch ungeklärt. Die Attikaskulpturen über dem Portal jedenfalls stellen sehr realistisch

Friedrichs Leibkutscher Pfund beim Lenken eines sich aufbäumenden Viergespanns dar.

An der Kreuzung zur Dortustraße stand bis zur Sprengung im Jahr 1968 die Garnisonkirche. Nach der Wende sorgte ein Traditionsverein für den Wiederaufbau ihres berühmten **Glockenspiels ⓱**, das nun zu jeder vollen und halben Stunde mit dem Lied „Üb' immer Treu und Redlichkeit" und dem Choral „Lobe den Herren" ertönt.

In den Räumen des **Potsdam-Museums ⓲**, schräg gegenüber in der Breiten Straße 8–12, werden Aspekte der Potsdamer Stadtgeschichte ab 1900 erläutert und Sonderausstellungen zu brandenburgischen Themen gezeigt (🕐 Di bis So 9 bis 17 Uhr).

An der Neustädter Havel-Bucht präsentiert sich das historische *Wasserwerk* von Ludwig Persius im Gewand einer * **maurischen Moschee ⓳**. Wer nicht weiß, daß sich hinter dem minarettähnlichen Turm ein Schornstein verbirgt, ahnt nicht, daß hier seit 1842 eine immer noch exzellent funktionierende Borsig-Maschine die Springbrunnen im Park Sanssouci über unterirdische Leitungen mit Havel-Wasser versorgt (🕐 Sa/So 11. Mai bis 13. Okt. 9–17, 14. Okt. bis 10. Mai 9–16 Uhr; Pause 12–13 Uhr).

Am * **Brandenburger Tor ⓴**, das Friedrich der Große 1770 als Tor der Stadtmauer auf dem Luisenplatz erbauen ließ, führt die wegen fehlender Weltläufigkeit spöttisch als „Broadway" bezeichnete Potsdamer Einkaufsmeile als Fußgängerzone bis zur katholischen * **Kirche St. Peter und Paul ㉑**, die der Schinkel-Schüler Wilhelm von Salzenberg 1867 nach dem Vorbild der Hagia Sophia erbaute. Im Schatten der Kirche, auf dem Bassinplatz, kann man auf dem *Potsdamer Wochenmarkt* von havelländischem Obst bis zu knallpinkfarbenen Kindersöckchen aus der Türkei schier alles erstehen (🕐 Mo–Fr 7–17, Sa 7–13 Uhr). Hier verläuft auch die Gutenbergstraße, eine Randstraße

des **Holländischen Viertels**
❷. Die vier Karrees der 134
roten Backsteinhäuser entstanden nach 1732 auf Ge-
heiß des Soldatenkönigs für
die angeworbenen Handwer-
ker und Künstler aus den
Niederlanden, die dem Preu-
ßenstaat zum wirtschaftlichen Aufschwung verhelfen
sollten. Leider kamen aber
nicht so viele Familien wie
gedacht, und so dienten die
netten Häuser mit den grün-
weißen Fensterläden und den
bleiverglasten Sprossenfen-
stern auch den königlichen

Das Brandenburger Tor in Potsdam ist 20 Jahre älter als das weltbekannte in Berlin

Grenadieren als Quartier. Mittlerweile
haben sich mehrere nette Kneipen, Mo-
de- und Antiquitätenläden, darunter
auch die weltbekannte Orgelbauanstalt
Schuke, in den Holländerhäusern nie-
dergelassen. Wer einmal genüßlich im
bundesweit größten Sortiment an Pots-
dam- und Preußenliteratur stöbern
möchte, sollte einen Gang in das *Potsdamer Antiquariat Carl Christian Hor-
váth* tun, das sich ebenfalls in einem
Holländerhaus, nämlich in der Fried-
rich-Ebert-Straße 27/28, etabliert hat.

Zwei weitere gut erhaltene Stadttore
aus dem 18. Jh., das **Nauener Tor** ❸
und das **Jägertor** ❹, befinden sich an
der Hegelallee.

Neuer Garten und ** Schloßpark Babelsberg

Der Glockenturm der Kirche St. Peter und Paul ist 63 m hoch

Zwei weitere Potsdamer Gärten lohnen
einen Besuch: der **Neue Garten** ❺ am
Heiligen See und der *Babelsberger*
Schloßpark ❻. Noch sehr gegenwärtig
aus dem Geschichtsunterricht ist vielen
Besuchern das **Schloß Cecilienhof**
im Neuen Garten. In dieser Residenz
des letzten deutschen Kronprinzenpaa-
res trafen sich im Juli und August 1945
Winston Churchill, Harry S. Truman
und Josef W. Stalin mit ihren Delegationen zur Potsdamer Konferenz, die
Deutschlands Rolle nach dem Zweiten Weltkrieg regelte und wenig später

in die Politik des kalten Krieges mündete. Die damaligen Konferenzräume mit dem berühmten großen runden Eichentisch sind als *Gedenkstätte* erhalten (◷ Di–So 9–17 Uhr; Pause 12 bis 12.30 Uhr), der übrige Teil des Hauses wird als Schloßhotel genutzt.

Praktische Hinweise

❶ **Potsdam-Information,** Friedrich-Ebert-Str. 5, 14467 Potsdam, Allgemeine Information: ☎ 03 31/29 11 00; Stadtrundfahrten, Programmgestaltung für Gruppen: ☎ 2 80 03 09; Hotel- und Zimmervermittlung: ☎ 29 33 85, 🖷 29 30 12 (◷ April bis Okt. Mo–Fr 9–20, Sa/So 11–15, Nov. bis März Mo–Fr 10–18, Sa/So 11–15 Uhr).
Besucherzentrum der Stiftung Preußische Schlösser und Gärten Berlin-Brandenburg, An der Historischen Mühle, ☎ 96 94-2 00/2 01/2 02, 🖷 96 94-1 07.

🏨 **Hotels**
Schloßhotel Cecilienhof, Neuer Garten, ☎ 3 70 50, 🖷 29 24 98. Komfortables Wohnen in den Gemächern der letzten deutschen kaiserlichen Majestäten; Restaurant (◷ tgl. 7–23 Uhr; Reservierung: ☎ 3 70 52 33). ⑤⟩
Hotel Voltaire, Friedrich-Ebert-Str. 88, ☎ 2 31 70, 🖷 2 31 71 00. Elegantes Gründerzeithaus im Hofgarten-Karree der Innenstadt; Restaurant. ⑤⟩
Holländerhaus, Kurfürstenstr. 15, ☎ 27 91 10, 🖷 27 91 11. Sympathisch-unkonventionelle Übernachtung für Geschäftsleute mitten im Holländischen Viertel; modernste Kommunikationstechnik vorhanden. ⑤
Pension Bürgerstuben, Jägerstr. 10, ☎ 2 80 11 09, 🖷 2 80 48 54. Nettes, gutbürgerliches Haus im Sträßchengewirr der Innenstadt mit rustikaler Gaststube. ⑤
Pension Rote Villa, Berliner Str. 60, ☎ 29 46 07, 🖷 29 37 03. Einfaches Haus mit Gaststätte. ⑤

Jugendherberge am Wannsee, Badeweg 1, 14129 Berlin, ☎ 0 30/8 03 20 34, 🖷 8 03 59 08. Im benachbarten Bundesland, aber nur einen Steinwurf entfernt.
⚠ **Campingplatz Recra-Sanssouci,** Am Templiner See 41, 14471 Potsdam, ☎ 0 33 27/5 56 80.

🍴 **Restaurants und Cafés**
Ristorante Villa Kellermann, Mangerstr. 34–36, ☎ 29 15 72. Italienische Pasta in einer traumhaft am Heiligen See gelegenen alten Villa aus der Gründerzeit (◷ Di–So 12 bis 24 Uhr). ⑤
Juliette, Jägerstr. 39, ☎ 2 70 17 91. Feine französische Küche, ideal für den Abend zu zweit; vorher reservieren (◷ tgl. 11.30 bis mindestens 23 Uhr; gleichzeitig Küchenschluß). ⑤
Café-Bistro im Filmmuseum, Breite Straße, Im Marstall, ☎ 2 70 20 41. Französische und italienische Küche (◷ So–Do 9–1, Fr/Sa 9–2 Uhr). ⑤
Luise, Luisenplatz 6, ☎ 2 27 97. Immer gut besuchtes Restaurant mit italienischem Einschlag (◷ Mo–Sa 8–23, So 8–18 Uhr). ⑤
Cafe Heider, Friedrich-Ebert-Str. 29, ☎ 2 70 55 96. Wiener Kaffeehausstil in einem geschichtsträchtigen Haus des Holländischen Viertels (◷ Mo–Fr ab 8, Sa/So ab 9 Uhr. ⑤
In Vino, Dortustr. 17, ☎ 2 80 05 01. Netter Stehimbiß mit italienischen und französischen Weinen, Grappa, Käse und Häppchen aller Art (◷ Mo–Mi, Fr 10–18.30, Do 10–20.30, Sa 10 bis 14 Uhr). ⑤

Am Abend
Hans-Otto-Theater, Theaterhaus am Alten Markt, ☎ 2 80 06 93 (Theaterkasse: ◷ Mo–Fr 9–16, Sa 9–12 Uhr sowie 1 Std. vor Vorstellungsbeginn). Potsdams erste Adresse für Schauspiel und Musiktheater. Weitere Spielstätten des Hans-Otto-Theaters für Theaterstücke im kleineren Kreis sind die **Studiobühne,** Heinrich-Mann-Allee 103, und die **Bühne Zimmerstraße,** Zimmerstr. 10.

Kabarett Am Obelisk, Schopenhauer-
str. 27, ☏ 29 10 69 (Theaterkasse:
🕑 Di–Fr 16–20.30, Sa 18–20.30,
So 19–20.30 Uhr). Potsdamer
Traditionskabarett, das den Wessis
die Befindlichkeit der Ossis um
die Ohren haut.
B(l)auhaus, Heinrich-Mann-Allee 103,
☏ 87 21 53 (🕑 Fr–Mo 22–4 Uhr).
Disko mit Nachtbar für Leute zwischen
18 und 35; tanzbarer Pop und Rock
der 80er und 90er Jahre.
Waldschloß, Stahnsdorfer Str. 100,
Babelsberg, ☏ 7 48 14 49 (🕑 tgl.
ab 18 bis mindestens 2 Uhr).
Live-Konzerte mit Jazz-, Soul- und
Rock-n-Roll-Gruppen.
Waschhaus, Schiffbauergasse 1,
☏ 2 71 56 26 (🕑 je nach Programm;
Kartenverkauf und Info: Mi ab 22 Uhr,
öfters versuchen). Hier tobt die
Potsdamer Off-Szene querbeet durch
multikulturelle Kleinkunst.

*Das 99 Zimmer große back-
steinerne Babelsberger Schloß
im weitläufigen Park*

Veranstaltungen und Feste

Mitte bis Ende April eröffnet die
Weiße Flotte mit einer *Flottenparade
auf der Havel* die Sommersaison
(☏ 2 80 00 32 oder 2 37 52 45).

Anfang Mai bis Ende September läuft
die etablierte Kammermusikreihe
Potsdamer Hofkonzerte in den präch-
tigsten Sälen der Schlösser und
Kirchen (Konzertagentur Heidenreich,
Plantagenstr. 11, ☏ 7 48 06 05).

*Schloß Cecilienhof im Neuen
Garten war 1945 Schauplatz
der Potsdamer Konferenz*

Mitte Mai ist *Töpfermarkt* im
Holländischen Viertel.

Im Juni bieten die *Musikfestspiele Potsdam-Sanssouci* zwei Wochen lang klassi-
sche Konzerte (Konzertkasse:
☏ 29 31 75).

Mitte Juni: *Europäischer
Salon für Liebhaber des
jungen Films – Filmfestival
Potsdam.* Einwöchiges Wett-
bewerbsprogramm europäi-
scher Filme im Filmmuseum
(Veranstalter: Van Dielen/
Bernstein, ☏ 2 80 12 71).

*Potsdams Adresse für Schauspiel
und Musiktheater*

Frankfurt (Oder)

Brücke zu Osteuropa

*Alt-Beresinchen – **Kleist-Gedenk-und- Forschungsstätte – *Museum Viadrina – Oder-Brücke

Frankfurt (Oder), die mit 83 000 Einwohnern viertgrößte Stadt des Landes Brandenburg, ist als Herkunftsort so hartgesottener Sportlernaturen wie Henry Maske, Axel Schulz und Manfred Wolke mittlerweile bestens bekannt. Frankfurt wurde 1945 schwer zerstört, anschließend von den Kommunisten mit der „Betonitis-Krankheit" verseucht – und bekommt nun allmählich wieder Aufwind. Heute sind High-Tech, Wissenschaft, Handel und Dienstleistungen die wichtigsten Potentiale der Grenzstadt zwischen Deutschland und Polen – auf höherer Ebene der Schalthebel zwischen Europäischer Union und Osteuropa.

Geschichte

Sieht man von der allzu grauen Vorzeit einmal ab, betrat Frankfurt 1253 die Bühne des Geschehens, als ihr die askanischen Markgrafen von Brandenburg Berliner Stadtrecht verliehen. Durch seine Lage an einem günstigen Oder-Übergang und dem Knotenpunkt alter Ost-West- und Nord-Süd-Handelswege entwickelte sich der Ort schnell zur mächtigsten und reichsten Handelsstadt der Mark Brandenburg; 1430 wurde er sogar Mitglied der Hanse. Im 14./15. Jh. feilschten hier Kaufleute aus aller Herren Länder auf großen Märkten – Frankfurt als Messestadt war geboren. Die Wirtschaft zog die Wissenschaft nach sich, und so wurde 1506 die erste brandenburgische Landesuniversität gegründet. Im 19. Jh. begann der glänzende Stern jedoch allmählich zu sinken: Die Universität wurde 1811 nach Breslau verlegt. Infolge der deutschen Reichsgründung im Jahr 1871 siedelten sich zahlreiche Kasernen an – Frankfurt entwickelte sich zur Beamten- und Militärstadt mit Wohn- und Geschäftsvierteln beiderseits der Oder.

Den Zweiten Weltkrieg überstand die Stadt fast unbeschädigt, erst im Februar 1945 mußte die Zivilbevölkerung die zur „Festung" erklärte Stadt verlassen; binnen sechs Wochen war sie durch Stellungskämpfe von Bränden total verwüstet. Ab 1952 war Frankfurt Hauptstadt einer der 14 neuen DDR-Bezirke. Neben den alten Türmen prägten immer mehr Hochhäuser die Silhouette. Ab Anfang der 60er Jahre wuchs die industrielle Bedeutung mit dem Bau des großen Halbleiterwerks und einer Baumwollspinnerei.

Stadtrundgang

Wer die romantische Seite von Frankfurt kennenlernen möchte, beginnt seinen Streifzug am besten in dem City-Kleinod *Alt-Beresinchen ❶. Das attraktive, kopfsteingepflasterte Gründerzeitviertel zwischen Leipziger Platz und Hauptbahnhof, das es nach dem Willen der DDR-Stadtväter gar nicht mehr hätte geben dürfen, zieht immer mehr hübsche Geschäfte und Kneipen an.

Über die Lindenstraße, wo man sich anhand des Türmchenhauses Nr. 28 ❷ vorstellen kann, wie hochherrschaftlich und elegant honorige Frankfurter Universitätsprofessoren einst gewohnt haben, wenn sie ihre Wochenenden in der begrünten *Gubener Vorstadt* verbrachten, gelangt man zur Gertraudkirche ❸. Das 1945 stark verwüstete Kirchenschiff wurde wieder für Gottesdienste hergerichtet und erstrahlt nun mit seiner offenen *Holzbalkendecke* und dem großen *Hochaltar* in besonders schöner Atmosphäre. Eine Kostbarkeit, die ursprünglich aus der Ma-

rienkirche stammt, ist der fast 5 m große *Siebenflammige Leuchter* mit figür-
lichem Schmuck (um 1350).

Dort, wo die Gubener Straße auf die
zur sozialistischen Magistrale verbrei-
terten Karl-Marx-Straße trifft, steht
das **Hospital zum Heiligen Geist** ❹, eines der vielen öffentlichen – heute von
der Deutschen Bundespost genutzten –
Gebäude, die der Stadtbauinspektor
Friedrich Knoblauch, ein Vertreter des
Frankfurter Barock, 1787 erbaute.

❶ Alt-Beresinchen
❷ Türmchenhaus Nr. 28
❸ Gertraudkirche
❹ Hospital zum Heiligen Geist
❺ Oderturm
❻ Europa-Universität Viadrina
❼ Marienkirche
❽ Rathaus
❾ Heinrich-von-Kleist-Gedenk-
   und-Forschungsstätte
❿ Museum Viadrina
⓫ Oderbrücke

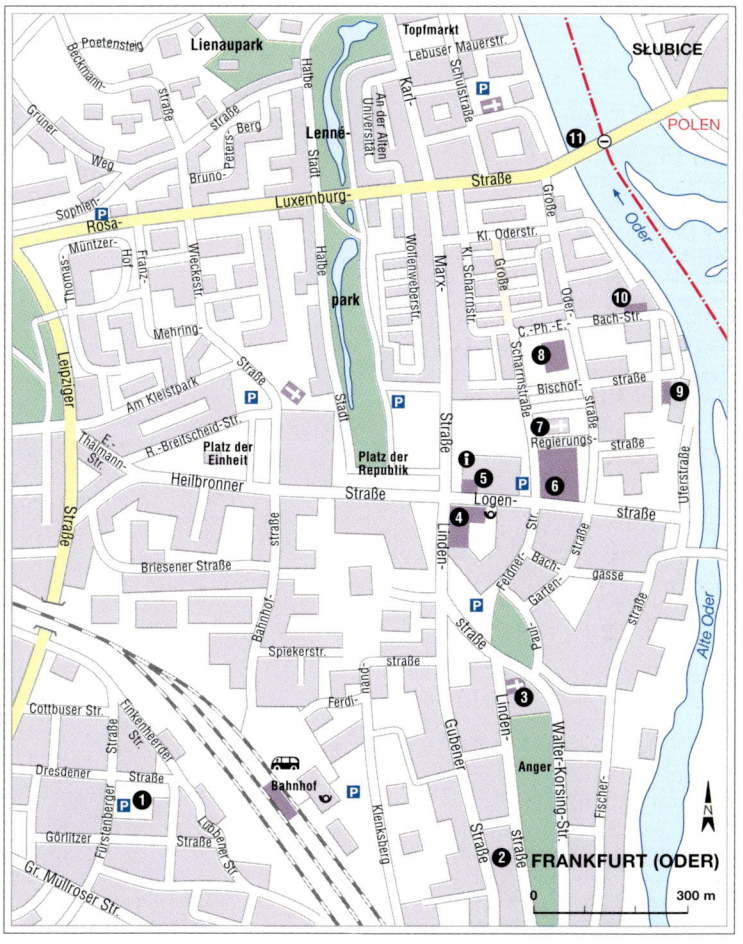

Zu einer Art Frankfurter Höhenflug wurde der 25 Stockwerke hohe **Oder-Turm ❺** an der Logenstraße, ein schon zu DDR-Zeiten begonnener Shopping-Wolkenkratzer, der 1993 als Büro- und Einkaufszentrum mit netten Restaurants und Cafés eingeweiht wurde.

Die 1991 wiedergegründete **Europa-Universität Viadrina ❻** bezog ihr Domizil in dem prächtig-neubarocken ehemaligen Regierungsgebäude an der Großen Scharnstraße. Die Zusammenarbeit zwischen bislang 1300 eingeschriebenen deutschen und 750 polnischen Studenten leistet einen Beitrag zur Kooperation der Regionen links und rechts der Oder. Bis zur Jahrtausendwende soll das Band noch stärker geflochten werden, dann nämlich wird mit der Schwesterinstitution *Collegium Polonicum in Slubice* ein polnisches Pendant eröffnet.

Die zwischen 1253 und 1524 erbaute **Marienkirche ❼** ist eine der größten fünfschiffigen Hallenkirchen im norddeutschen Raum, unter Schinkel 1828 bis 1830 umgestaltet. Um sie zu finden, muß man nur dem weithin sichtbaren Turm folgen; 1945 brannte die Kirche gar aus. Jahrzehntelang wurde die Ruine für kulturelle Veranstaltungen genutzt, bis 1995 Fördergelder zum Wiederaufbau bewilligt wurden.

Auch bemüht man sich weiter darum, die drei historischen Fenster, Spitzenwerke mittelalterlicher Glasmalerei, aus der St. Petersburger Eremitage zurückzuerhalten. Unbedingt ansehen sollte man sich das als Segnungspforte bezeichnete, reich geschmückte *Nordportal*. Die drei großen Bogenfeld-Medaillons – deutscher Reichsadler, böhmischer Löwe und brandenburgischer Adler – dokumentieren die finanzielle Unterstützung Kaiser Karls IV., der 1373 brandenburgischer Landesherr wurde.

Nicht weniger prächtig sind die Backsteingiebel des gegenüberliegenden **Rathauses ❽**. Der *kupferne Hering*, der auf der Südseite hoch oben an einer Giebelstange hängt, erinnert an das Frankfurter Heringsmonopol: Im 16. Jh. war die Hansestadt der Hauptumschlagplatz für schwedische Salzheringe, die in den Osten verkauft wurden. In der kreuzgratgewölbten Rathaushalle präsentiert die städtische *Galerie Junge Kunst* ihre Sammlung von Aquarellen, Gemälden und Zeichnungen ostdeutscher Künstler (☉ Di–So 11 bis 17 Uhr).

Berühmtester Sohn der Stadt ist der Dramatiker und Erzähler *Heinrich von Kleist*. Da 1945 sein Geburtshaus in der Großen Oderstraße 26 zerstört wurde, richtete man ihm gleich um die Ecke in einem der schönsten Barockhäuser der Stadt in der Faberstraße 7 eine **✳✳ Gedenk- und Forschungsstätte ❾** ein. Bei klassischer Musik bekommt man in den Räumen der oberen Etage eine Europakarte mit seinen Lebensstationen, persönliche Dokumente und Erstausgaben zu sehen (☉ Di 10–18, Mi–So 10–17 Uhr).

Das **✳ Museum Viadrina ❿** ist im **Junker-Haus** untergebracht, einst Studentenwohnsitz der Sprößlinge des brandenburgischen Adels. Bei einem Rundgang durch die ständige Ausstellung, die von den Anfängen an über die Stadtgeschichte informiert, kann man einen Blick auf die schönen *Stuckdecken* italienischer Stukkateure des 17. Jhs. werfen (☉ Di–So 11 bis 17 Uhr).

Wer noch ein Schnäppchen machen will, kann – wie täglich mindestens 8000 andere deutsche Einkaufstouristen auch – über die **Oderbrücke ⓫** auf den großen und den kleinen Basar nach **Slubice** gehen. Das 18 000-Einwohner-Städtchen, bis 1945 als *Dammvorstadt* ein Frankfurter Vorort, kann inzwischen ein Drittel seines Etats mit Gewerbesteuern bestreiten – nicht nur für polnische Maßstäbe eine unerhörte Leistung.

Blick auf den Grenzübergang auf der Oderbrücke und Slubice

Praktische Hinweise

❶ Tourist-Information Frankfurt (Oder) e. V., Karl-Marx-Str. 8 a, 15230 Frankfurt (Oder), ☎ 03 35/32 52 16 oder 32 40 23, 🖷 2 25 65 (🕐 Mo–Fr 10–12, 12.30–18, Sa 10–12.30 Uhr).

🏨 Hotels
Frankfurter Hof, Logenstr. 2, ☎ 5 53 60, 🖷 5 53 65 87. Kongreß-hotel im Hochhaus, mit Tagungssälen, Fitneßbereich und gutem Service. (💲)
Zur Alten Oder, Fischerstr. 32, ☎ 55 62 20, 🖷 5 56 22 28. Ruhig und zentral gelegen, mit Sauna. (💲)
Pension Senftleben, Friedrich-Ebert-Str. 49, ☎ 🖷 4 00 16 66. Im Ortsteil Westkreuz, schön ruhig. (💲)
⚠ Freizeitzentrum Helene-See, 15236 Helene-See, ☎ 03 35/55 66 60, 🖷 5 56 66 77.

🏨 Restaurants und Cafés
Zum Oderspeicher, Hanewald, ☎ 2 25 56. Gemütliche Restaurant-kneipe mit eigener Hausbrauerei und deftigem Essen (🕐 tgl. 12–2 Uhr). (💲)
Frankfurter Kartoffelhaus, Holz-markt 7, ☎ 🖷 53 07 47. Rustikale Holzkneipe, stimmungs-volle Terrasse direkt am Oderufer (🕐 tgl. 11–24 Uhr). (💲)
Haus am Berg – The Irish Pub, Gubener Str. 20, ☎ 2 36 94. Irisches Essen in einer Szenekneipe, längster Tresen der Stadt; Jazz- und Rock-Live-Musik am Wochenende. (🕐 Mo bis Do ab 19, Fr/Sa ab 20 Uhr). 💲
Gasthaus Siedichum, 15890 Scherns-dorf, ☎ 03 36 55/2 10. Schlichtes Jagdhaus mit Gartenterrasse im Schlaube-Tal; Übernachtung möglich (🕐 Frühjahr/Sommer tgl. 11.30–22 Uhr, Herbst/Winter tgl. 16–22 Uhr). 💲

Am Abend
Kleist-Theater, Gerhart-Hauptmann-Str. 3/4, ☎ 4 14 11 41. Oper, Operette und Schauspiel.
Theater des Lachens – Puppen- und Schauspiel e. V., Ziegelstr. 26, ☎ 6 80 16 95. Schauspiel für Erwach-sene und Puppentheater für Kinder.

Kabarett „Die Oderhähne", Forststr. 2, ☎ 2 37 23.
Konzerthalle Carl Philipp Emanuel Bach in der ehemaligen Franziskaner-klosterkirche, Lebuser Mauerstraße. Programminfo: ☎ 2 24 52 oder 2 24 53.

Veranstaltungen
Kleist-Tage: Lesungen, Vorträge, Schauspiel und Hausmusik im Kleist-Theater und in der Gedenkstätte, jeweils um den Geburtstag des Dichters am 18. Oktober.

Ausflüge in die Umgebung

In den Genuß reiner Sommerfreuden kommt man am feinen Sandstrand des **Helene-Sees.** Das kristallklare, über 60 m tiefe Gewässer, ein Ergebnis des Braunkohletageabbaus, ist von Kiefer-wäldern gesäumt (Abzweigung nach 5 km auf der B 112 Richtung Gruben).

Über die B 87 gelangt man nach 11 km in das *Schlaube-Tal* bei **Müllrose,** ei-nem der schönsten deutschen Bach-täler, das wegen seiner 140 Vogelarten unter Naturschutz steht. In der Nähe des **Treppelsees** kann man einkehren. Hier kommen im idyllisch gelegenen Gasthof Bremsdorfer Mühle (15890 Bremsdorf Mühle, ☎ 03 36 54/2 32; mit Sonnenterrasse; 🕐 tgl. 11–21 Uhr; 💲) gebratete oder gedünstete Lachs-forellen auf den Tisch.

Von Bremsdorf 10 km entfernt liegt das architektonisch schwer zu verkraf-tende, aber dennoch interessante **Eisen-hüttenstadt** (48 000 Einw.) am Oder-Spree-Kanal, eine komplette sozia-listische Stadtgründung der DDR. Die Wohnviertel entlang der Lindenallee mit Säulen, Pilastern oder Simsen als Beiwerk sowie Erkern, Ziergittern und Wandmalereien an den Fassaden in-mitten kleiner Parkanlagen sind Bei-spiele für großzügige Arbeiter-Wohn-kultur der 50er und 60er Jahre. Auch nach der Wende qualmen in Eisen-hüttenstadt die Hochöfen, denn die EKO Stahl GmbH wurde 1995 von einem belgischen Konzern übernommen.

*Cottbus

Faszination von Gärten und Parks

Oberkirche – Spremberger Turm –
*Staatstheater – ***Branitzer Park

Das Zentrum der Niederlausitz, das sich auf einer Sandinsel am linken Spreeufer erstreckt, ist mit 125 700 Einwohnern die zweitgrößte Stadt des Landes Brandenburg. Cottbus zieht vor allem Besucher an, die die Gartenanlage des Fürsten Pückler im Schloßpark Branitz in Augenschein nehmen, eine Vorführung im Staatstheater erleben oder zu einer Paddeltour in das weitverzweigte Kanal- und Flußnetz des Spreewalds aufbrechen wollen.

Nicht nur die Gründung der Brandenburgischen Technischen Universität im Jahr 1991 hat dem Ort einen enormen Aufschwung beschert. Die Bundesgartenschau im Sommer 1995, die die ganze Stadt mit ihren sieben kleineren und größeren Parks miteinbezog, war ein solcher Erfolg, daß Cottbus den Beinamen „Boomtown" erhielt. Obwohl sich die BUGA-Euphorie nun wieder gelegt hat, spürt man doch, daß hier eine Menge in Bewegung geraten ist – Cottbus jedenfalls steht im kulturellen Mittelpunkt Südbrandenburgs.

Geschichte

Auf sorbisch heißt Cottbus noch heute „Chośebuz", abgeleitet von einer Urkunde aus dem Jahr 1156, in der von einem „Heinricus castellanus de Chotibuz", der Burg eines Heinrich aus dem Geschlecht der Chotibuzer, die Rede ist. Im frühen Mittelalter führte hier eine Brücke der Salzstraße zwischen Halle und Schlesien über die Spree, und so

Kleist-Gedenkstätte

Bürgerhäuser am Altmarkt

Die ehemalige Klosterkirche

kam der Handelsort Cottbus schnell zu Wohlstand. Im Dreißigjährigen Krieg litt die Stadt schwer unter den Plünderungen Wallensteins; eine weitere Heimsuchung war 1671 der große Stadtbrand. 1692 gründeten zwei Mannheimer Kaufleute die erste Tabakfabrik, in der zahlreiche Hugenotten, die hier ab 1701 in einer französischen Kolonie lebten, Arbeit fanden.

Seitdem die Tuchmacher und Leineweber im 15. Jh. Zunftrecht erhalten hatten, entwickelte sich dann die Cottbuser Tuchfabrikation allmählich zum wichtigsten Erwerbszweig. Um 1900, als schon jeder zweite Cottbuser den Beruf eines Tuchmachers, Färbers oder Walkers ausübte, war die Tuchmacherei – energiemäßig gefördert durch die nahen Braunkohlelager – schließlich zur Großindustrie angewachsen. Noch während der letzten vierzig Jahre bestimmten Textilindustrie, Braunkohleförderung und -verarbeitung die Cottbuser Wirtschaft, die mit der Wende jedoch einen herben Einbruch erlitt. Heute investieren hier namhafte Unternehmen wie MBB oder Siemens.

Stadtrundgang

Günstig als Ausgangspunkt für einen Spaziergang ist der *Oberkirchplatz*, auf dem die Cottbuser Hauptpfarrkirche St. Nikolai steht, allgemein einfach **Oberkirche ❶** genannt. Die dreischiffige Hallenkirche entstand ab 1468 nach einem Stadtbrand – vollendet wurde sie Anfang des 16. Jhs. Kunsthistoriker weisen gern auf das im Gegensatz zu den Seitenschiffen ungewöhnlich hohe Mittelschiff hin, dessen *Deckengewölbe* im Inneren mit einem filigranen Stern- und Netzrippengewölbe überzogen ist.

Weil hier nach der Reformation Predigten in sorbischer Sprache gehalten wurden, heißt die einstige Klosterkirche der Franziskaner heute **Wendenkirche ❷**. In diesem ältesten Bauwerk der Stadt hängt über der Kanzel ein großes *Holzkruzifix*, ein besonders wertvolles Stück aus dem Jahr 1310.

Eine nette Atmosphäre herrscht am *Altmarkt* mit seinen schönen Bürgerhäusern. In der über 400 Jahre alten barocken *Löwenapotheke* hat eine brandenburgische Rarität ihren Sitz: Im **Niederlausitzer Apothekenmuseum ❸** werden die originalen Funktionsräume einer Apotheke aus anno dazumal vorgestellt, deren Ausstellungsstücke verschiedenen Apotheken der Niederlausitz entstammen. Zu sehen sind ein feuersicheres *Laboratorium* mit Kreuzgewölbe, eine *Kräuterkammer* und ein *Arzneikeller* (☾ Besichtigung nur Führung: Di–Fr 11, 14, Sa/So 14, 15 Uhr). Hier beginnt auch die Cottbuser Einkaufsmeile, die *Spremberger Straße,* von den Einheimischen kurz „Sprem" genannt.

Nur wenige Schritte weiter stellen die **Brandenburgischen Kunstsammlungen ❹** eine breite Palette zeitgenössischer Kunst des 20. Jhs. aus, darunter Collagen, Fotografien, Installationen, Plakate und Design, die aus den Kunstzentren um Berlin, Dresden und Leipzig kommen. Zur Erleichterung des Einstiegs in die Gedankenwelt des meist Abstrakten veranstaltet das Museum Kunstgespräche, Aktionen und Führungen, nach denen man sich vorher telefonisch erkundigen kann (☾ Di–So 10–18 Uhr; ☏ 2 20 42 oder 79 40 51).

Dritte im Bunde der Sakaralbauten ist die **Schloßkirche ❺**. Sie wurde 1714 für die zugewanderten evangelisch-reformierten Hugenotten geweiht.

Als Cottbuser Wahrzeichen gilt der **Spremberger Turm ❻** am Ende der „Sprem". Er ist gemeinsam mit dem **Münz- ❼** und dem **Schloßturm ❽** sowie dem *Stadtmauerrest* entlang der Gerichts- und der Magazinstraße ein Überbleibsel der mittelalterlichen Wehranlage.

Von hier empfiehlt sich ein Abstecher zum **∗Staatstheater Cottbus ❾** am Schillerplatz, das künstlerisch wie architektonisch eine Perle ist: Seit 1992 bespielt der Intendant Christoph Schroth auf den Brettern, die die Welt bedeuten, das Viersparteneensemble mit Oper, Musical, Schauspiel und Ballett. Diesen in Europa einmaligen Theaterbau aus dem Spätjugendstil finanzierte sich die wohlhabende Cottbuser Bürgerschaft aus eigener Tasche. Sie beauftragte den Architekten Bernhard Sehring, der schon mit dem Theater des Westens in Berlin und den Schauspielhäusern in Düsseldorf und Bielefeld Aufsehen erregt hatte (❶ s. S. 42).

Im ehemaligen Haus des Cottbuser Anzeigers in der Bahnhofstraße 52 stellt das **Stadtmuseum** ❿ in drei Abteilungen verschiedene Exponate zur Stadtgeschichte, zum Lausitzer Glaswesen und zur einheimischen Teppichfabrikation aus. Hier können die Besucher an sechs historischen Holz-Knüpfstühlen aus der Zeit der Jahrhundertwende die Technik des Teppichknüpfens sogar selbst erproben (🕐 Di–Fr 8.30–17, Sa/So 14–18 Uhr). In der Burgstraße 19 kann man in der einzigen **Blaudruckerwerkstatt** ⓫ der Niederlausitz handgefertigte Textilien im Spreewald-Blaudruck-Look, sorbische Ostereier,

Schloß Branitz

❶ Oberkirche
❷ Wendenkirche
❸ Niederlausitzer Apothekenmuseum
❹ Brandenburgische Kunstsammlungen
❺ Schloßkirche
❻ Spremberger Turm
❼ Münzturm
❽ Schloßturm
❾ Staatstheater Cottbus
❿ Stadtmuseum
⓫ Blaudruckerwerkstatt
⓬ Wendisches Museum
⓭ Sorbische Kulturinformation Lodka

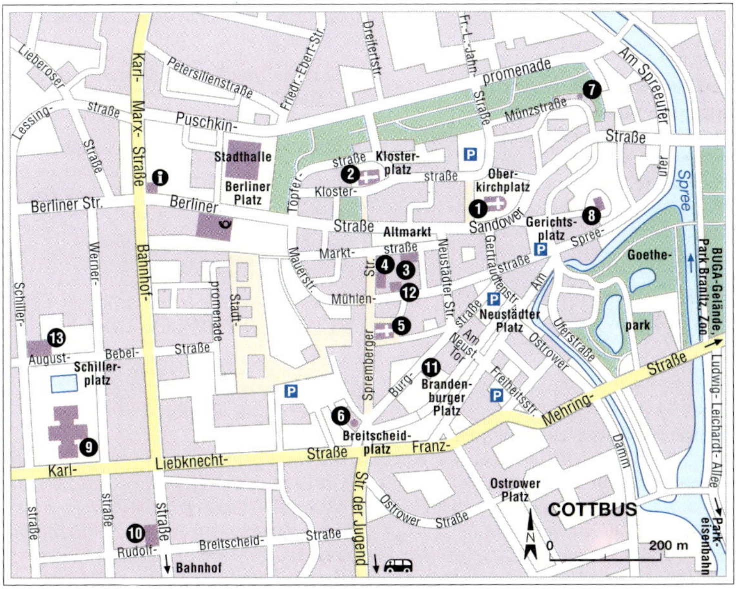

Keramik und Handarbeiten aus dem Erzgebirge als Mitbringsel erwerben (◷ Mo–Fr 9.30–18, Sa 9.30–12 Uhr; ☎ 79 10 22).

Ein schmuckes klassizistisches Bürgerhaus in der Mühlenstraße 12 beherbergt das **Wendische Museum ⓬.** Hier läßt sich die Kultur der Lausitzer Sorben besonders gut studieren. Trachten, Literatur, Musik und Bräuche geben ein buntes Bild von der fast 1500jährigen Volkskultur der Westslawen (◷ Di–Fr 8.30–17, Sa–So 14–18 Uhr). Aktuelle Veranstaltungsinformationen, eine Bibliothek mit sorbischer Literatur und ein Café mit echt sorbischen Spezialitäten gibt es in der **Sorbischen Kulturinformation Lodka ⓭** im Wendischen Haus, August-Bebel-Straße 82 (◷ Mo bis Fr 10–17 Uhr; ☎ 79 11 10).

Praktische Hinweise

❶ **Cottbus-Information,**
Berliner Str. 1 a, 03044 Cottbus,
☎ 03 55/2 42 54/5, 🖷 79 19 31;
auch Organisation von Kahn- und Kremserfahrten in den Spreewald;
◷ Mo–Fr 9–18, Sa 9–13 Uhr.

⌂ **Hotels**
Holiday Inn Hotel, Berliner Platz,
☎ 36 60, 🖷 36 69 99. Größeres, luxuriöses Haus für das gehobene Portemonnaie, Innenstadtlage. ⑤⑤⑤
Zur Sonne, Taubenstr. 7–8,
☎ 79 19 10, 🖷 79 70 95. In der südlichen Altstadt, mit Restaurant. ⑤⑤

Wer nicht soviel Geld ausgeben und dennoch zentral wohnen möchte, hat folgende Auswahl:
Pension Alte Welt, Karl-Liebknecht-Str. 58 a, ☎ 79 21 43, 🖷 70 08 51. ⑤
Pension Pückler-Stube, Menzelstr. 4,
☎ 71 57 31, 🖷 72 67 11. ⑤
Gästehaus Priorgraben, Am Priorgraben 53, ☎ 47 82 70, 🖷 4 78 27 20. ⑤
Jugendherberge Cottbus,
Klosterplatz 2–3, ☎ 03 55/2 25 58.
⚠ **Zeltplatz Klein Döbbern,**
03058 Klein Döbbern,
☎ 03 56 08/2 44. 10 km südlich,

hübsch am Spremberger Speicherbecken gelegen.

⌂ **Restaurants und Cafés**
Cavalierhaus Branitz, Am Schloß,
☎ 71 50 00. Herzhafte Hausmannskost im historischen Ambiente eines Schloßnebengebäudes in Pücklers Park (◷ Di–So 11.30–21 Uhr). ⑤
Restaurant Hubertus, Im Waldhotel Cottbus, Drachhausener Str. 70,
☎ 8 76 40. Kreativ-bodenständige Küche im neuerbauten Hotel draußen im Grünen (◷ tgl. 6–24 Uhr). ⑤
Café Altmarkt, Altmarkt 10,
☎ 3 10 36. Restaurant mit Bar in spätmittelalterlichen Kellergewölben (◷ Mo–Fr 8–1, Sa/So 10–1 Uhr). ⑤

Am Abend

In Cottbus kommt man kulturell voll auf seine Kosten: Neben dem festen Theaterprogramm, den Konzertreihen mit klassischer Musik in Schloß und Park Branitz, den Open-air-Jazzfesten und sorbischen Folklorefestivals kann man sich über weitere Veranstaltungen bei der Cottbus-Information informieren, die einen detaillierten Kulturkalender bereithält.

Staatstheater Cottbus, Großes Haus, Schillerplatz 1, ☎ 7 82 41 40 oder 2 37 61.
Kammerbühne, Wilhelm-Külz-Str. 11, ☎ 7 82 41 43.
Theaterscheune, Ströbitzer Hauptstr. 7, ☎ 7 82 41 40.
Puppenbühne „Regenbogen",
Priorstr. 2, ☎ 52 20 23.

Veranstaltungen und Feste

Am Faschingswochenende Mitte Februar zieht Brandenburgs größter *Karnevalsumzug* durch Cottbuser Straßen.
Ende Mai beginnt das Klassik-Festival im BUGA-Park, Branitz.
Mitte Juni startet der *Cottbuser Musiksommer* mit einem *Altstadt-Jazzfest* unter freiem Himmel auf dem Klosterplatz.

Ein Leckerbissen nicht nur für Cineasten ist das *Festival des Jungen Osteuropäischen Films,* das alljährlich im November in allen Cottbuser Kinos anläuft.

Ausflüge

Zur Trias der Grünanlagen im Cottbuser Südosten gehört auch das **BUGA-Gelände.** Rund um den Parkweiher haben Landschaftsplaner, Gärtner und Architekten auf 55 ha aus einer Brache ein harmonisches Miteinander aus Rosen-, Apotheker- und Bauerngarten sowie einer Heidedüne und einem Rhododendronhain gestaltet. Ein Tertiärwald zeigt, wie die Niederlausitz vor 10–12 Mio. Jahren ausgesehen hat (Eingänge mit Parkplatz: Kiekebuscher Straße und Stadtring; ⏲ tgl. 9 Uhr bis Sonnenuntergang).

Das für seine Jugendstil-Architektur berühmte Staatstheater in Cottbus

Lebemann und Landschaftkünstler

Seinen Namen bringen die Menschen meist zuerst mit der Eis-Delikatesse in Verbindung, dabei war die Feinschmeckerei nur *eine* der Begabungen des Hermann Fürst von Pückler-Muskau. 1785 als Sproß einer schlesischen Familie auf Schloß Muskau bei Cottbus geboren, absolvierte er ein Universitätsstudium und durchwanderte anschließend Süddeutschland, Italien und die Schweiz. Die großartige Alpenlandschaft weckte in ihm den Wunsch, selbst Landschaft zu gestalten, so daß er in den folgenden Jahren unter Einsatz seines ganzen Privatvermögens den elterlichen Park verschönerte, unterbrochen von zahllosen Bildungsreisen, die ihm weitere wichtige Impulse gaben.

Seine Ehe mit der wohlhabenden Lucie von Pappenheim, Tochter des preußischen Staatskanzlers von Hardenberg, schloß der Fürst vorwiegend aus gesellschaftlicher Bequemlichkeit. Bis heute legendär ist sein exzentrisches Werben um Lucie, bei dem er in einer mit zahmen Hirschen bespannten Kutsche vor dem Berliner Café Kranzler vorfuhr, um sie abzuholen. Auf Dauer entwickelte sich die Beziehung durch ihre gemeinsame Kunst- und Lebensanschauung zu einer tiefen Bindung, die selbst dann nicht auseinanderging, als sich Hermann kurzentschlossen zur Rettung vor der drückenden Schuldenlast von Lucie scheiden ließ, um sich reich neuzuverheiraten.

Seine stilistisch glanzvollen Bücher, die „Briefe eines Verstorbenen", seine „Reisebeschreibungen" und zuletzt die „Andeutungen über Landschaftsgärtnerei" wurden grandiose Erfolge in ganz Europa. 1845 verkaufte Hermann Muskau und siedelte nach Branitz über, das er bis zu seinem Tod im Jahr 1871 in ein Paradies verzauberte. Seine Zeitgenossen hat dieser charmante und in seiner menschlichen Unzulänglichkeit sympathische Preuße fasziniert und empört zugleich.

Was wäre Cottbus ohne seinen **★★ Branitzer Park,** den letzten großen deutschen Landschaftsgarten des 19. Jhs.? Eine Alternative zum Auto ist eine Anfahrt mit der *Parkeisenbahn* (ab Bhf. Messe). Aus einem völlig flachen Wiesengelände machte der ideenreiche Hermann Fürst von Pückler-Muskau (s. S. 43) zwischen 1846 und 1870 einen 95 ha großen und einmalig schönen Landschaftspark. Stundenlang kann man zwischen leichten Hügeln, sanft gekurvten Teichen, künstlichen Wasserfällen, Baumgruppen und bunten Blumenbeeten promenieren. Wirkungsvolle Hauptattraktion ist jedoch die *Seepyramide* im westlichen Parkareal. Den als Insel im Teich aufgeschütteten Erdtumulus entwarf der extravagante Pückler eigens für sich als Grabstätte.

Im *Schloß*, das sich Pückler von dem Dresdener Architekten Gottfried Semper in verschiedenen Baustilen umgestalten ließ und das er ab 1845 auch bewohnte, hat das *Fürst-Pückler-Museum Schloß Branitz* seinen Sitz. Hier kann man unter anderem durch den Musiksaal, das Speisezimmer, die Bibliothek und drei orientalische Räume schlendern und sich von dem stilvollen, aber eigenwilligen Geschmack des Hausherrn beeindrucken lassen. Ab Ende 1998 werden im Obergeschoß auch Gemälde des Cottbusers Carl Blechen ausgestellt. Dieser Zeitgenosse Caspar David Friedrichs gehört mit seinen besonders farb- und lichtfreudigen Bildern zu den bedeutendsten deutschen Landschaftsmalern der Romantik. Im *Marstall* informiert eine Dauerausstellung über weitere Werke und die Persönlichkeit des großen Gartenkünstlers (○ April bis Okt. 10–18, Nov. bis März Di–So 10–17 Uhr).

Nur 47 km sind es von Cottbus bis zum halb sächsischen, halb polnischen **Bad Muskau,** wo Fürst Pückler ab 1815 seinen weltberühmten 200 ha großen klassischen *Landschaftspark* anlegte. Im *Neuen Schloß,* heute eine Ruine, kam der geniale Mann zur Welt.

Route 1

Das Havelland – Schimmernde Seen, funkelnde Schlösser

★ Caputh – Werder – Brandenburg/Havel – Nauen – Marquardt (150 km)

In der „Terra Havellant", wie das Gebiet nordwestlich von Berlin schon 1244 nach dem westslawischen Stamm der Heveller benannt wurde, fließt das Wasser ohne Ende. In einem Anfall von Großzügigkeit scheint der Herrgott bei der Erschaffung der Mark genau hier alle Seen auf einmal ausgeschüttet zu haben, denn kaum hat man den Schwielowsee, den Haussee oder den Beetzsee umkurvt, breitet sich auch schon der nächste aus.

Diese geographische Besonderheit ist allein der Havel zu verdanken, die von Mecklenburg kommt und sich ständig mäandrierend auf dem Weg zur Spree zu zahllosen Seen verbreitet. Den Städten und Dörfern ist so eine betörend reizvolle Wasserlage beschieden, die schon Fontane überschwenglich gepriesen hat: „Die prächtige Havel, mit jener Fülle von Seen, die sie [...] an ihrem blauen Bande aufreiht, ist, auf weite Strecken hin, wie ein Spiegel unserer Schlösser, deren Schönheit sie verdoppelt."

Kein Wunder also, daß hier von den einstigen preußischen Herrschern bis zum stolzen Segelbootbesitzer von heute schon immer jeder am liebsten in der ersten Reihe sitzen wollte. Die einen bauten sich hübsche Sommerschlößchen direkt am Gestade, die anderen freuen sich über den ergatterten Liegeplatz im Hafen.

1

Seite
45

Seinen großen Aufschwung erlebte das ursprünglich arme Schifferdörfchen *** Caputh** (3400 Einw.) – das man übrigens nicht wie „kaputt", sondern mit langgezogenem „u" spricht – 1662 mit dem Bau des *Schlosses*. 1673 schenkte es der Große Kurfürst seiner zweiten Gemahlin Dorothea, die für eine Erweiterung zur Dreiflügelanlage und den Anbau der großen Freitreppe im Garten sorgte. Nach vollendeter Renovierung soll das Anwesen im Sommer 1997 als Museum eröffnet werden, und dann ist auch der mit 7000 holländischen Fayencen in Blau-Weiß gekachelte Sommerspeisesaal zugänglich (☐ Auskunft gibt die Besucherinformation der Schlösserstiftung, ☎ 03 31/9 69 42 02). Eher italienisch wirkt schräg gegenüber die gelbe *Backsteinkirche* vom Typ Pfeilerbasilika mit separatem Campanile; kein Wunder, denn der Architekt

Für den Nobelpreisträger Einstein war sein Haus in Caputh ein Refugium

und Schinkel-Schüler Friedrich August Stüler orientierte sich 1852 an oberitalienischen Vorbildern.

Ganz versteckt im Wald ließ sich *Albert Einstein* 1929 von dem Bauhaus-Architekten Konrad Wachsmann sein *Holz-Sommerhaus* erbauen. Zu einer Zeit, als sich an der Berliner Humboldt-Universität und der Akademie der Wissenschaften schon die ersten Anzeichen des Antisemitismus bemerkbar machten, zog sich der Nobelpreisträger mit seiner Frau Margot während der Ferien gern in seine Caputher Idylle ohne Telefonanschluß zurück. Innen zeigen halbvergilbte Fotos den Herrn Professor mit zerzauster Haarmähne und ausgebeulter Trainingshose im Garten (⊙ Sa/So 13–16 Uhr).

⚠ **Campingplatz Flottstelle,** 14548 Caputh-Flottstelle, ☎ 03 32 09/7 04 97.

🏠 **Altes Fährhaus,** Straße der Einheit 88, 14548 Caputh, ☎ 03 32 09/7 02 03. Bei frischem Aal oder Zander kann man die Schiffe auf dem Schwielowsee beobachten. Ein Gedicht ist der selbstgemachte Pflaumenkuchen mit Schlagsahne (⊙ April bis Okt. tgl. 12–24, Jan. bis März Sa/So 12–20 Uhr). Ⓢ

Im Schneckentempo tuckert die Caputher Seilfähre die Autos, Fahrräder und Fußgänger alle paar Minuten über das Caputher Gemünde (⛴ tgl. 6–20 Uhr), wie die Schmalstelle des Schwielowsees hier heißt, und im Nu ist man in **Geltow** (2100 Einw.), dem Paradebeispiel einer dörflichen Gemeinschaft. Im Ortsteil Alt-Geltow, gegenüber der historistischen *Backsteinkirche* (Am Wasser 19) sollte man der einzigartigen kleinen *Kunsthandweberei* der Henni Jaensch-Zeymer einen Besuch abstatten. Zur Weberei gehört ein charmantes Minimuseum, in dem man gezeigt bekommt, wie an jahrhundertealten Webstühlen Tisch- und Handtücher, Kleider- und Möbelstoffe nach Vorgaben der Bauhaus-Tradition gefertigt werden (⊙ Di–So 11–17 Uhr).

An gleich drei Seiten von Wasser umgeben ist das historische Dorfensemble im nur 3 km entfernten **Petzow.** Unter der Kastanie des hellgelb leuchtenden *Schinkel-Schlößchens* kann man gemütlich den Zupfkuchen (Käsekuchen mit Schokoflocken) des Hauses probieren und den Blick genüßlich über die leicht kräuselige Wasserfläche des Haussees, einer Bucht des Schwielowsees, und den Schloßgarten schweifen lassen (⊙ April bis Okt. Fr 13–18, Sa/So 11–18, Nov. bis März Sa/So 13 bis 18 Uhr).

Die *Dorfkirche* auf dem Plateau des Grellebergs gegenüber ist ein Resultat der Zusammenarbeit zwischen dem kunstsinnigen König Friedrich Wilhelm IV. und seinem Lieblingsarchitekten Schinkel. Wer mag, kann den Kirchturm besteigen und sich von der Schwärmerei Fontanes mitreißen lassen: „Ein Landschaftbild im großen Stil. Nicht von relativer Schönheit, sondern absolut."

🏠 **Hotel Schloß Petzow,** Zelterstr. 5, 14542 Werder-Petzow, ☎ 0 33 27/4 69 40, 🖷 46 94 30. Noch präsentiert sich das Schlößchen in alter – einfacher – Ausstattung, doch ist seine Lage mitten im Grünen und am Ufer des Haussees wunderhübsch. Ⓢ

Ganz auf Obst und Gemüse machen die Bauern der nur 12 km von Potsdam entfernten Inselstadt **Werder** (11 300 Einw.). Schon 1640 wurde hier mit dem Obstanbau begonnen, und erst vor kurzem pflanzte man sogar wieder 17 000 Rebstöcke auf dem Wachtelberg, dem nördlichsten Weinberg Europas, wie es bereits die Lehniner Klostermönche (s. S. 87 f.) im Mittelalter taten.

Wer sich leckere Kirschen, Erdbeeren, Äpfel, dazu Sanddorn, Tomaten, Gurken oder Möhren – oft aus biologischem Anbau – mit nach Hause nehmen möchte, muß nur einer der vielen Einladungen der Obstbauern zum Selberpflücken folgen oder auf den *Werderaner Frischmarkt* an der Berliner

1

Seite 45

Straße gehen (◔ Sa/So 8 bis 18 Uhr). Die historische Altstadt mit ihren engen, kopfsteingepflasterten Gassen liegt auf einer Insel inmitten der Havel. Schon von der *Langen Brücke* sieht man die Silhouette der *Heilig-Geist-Kirche* mit ihrem fünfspitzigen Glockenturm. Im Inneren hat dieses Werk des Schinkel-Schülers Stüler auch durch die offene Holzbalkendecke eine überaus warme Ausstrahlung.

Hier oben auf dem Mühlenberg befindet sich auch das *Rathaus* mit dem schönen Schweifgiebel an der Nordseite und wenig weiter das *Obstanbaumuseum*. In den Mauern eines alten Gefängnisses veranschaulichen Fotos, Bücher und Arbeitsgeräte wie alles anfing, als die Bauern ihre in Tienen (Vorläufer des Spankorbs) verpackten Früchte zur Verschiffung nach Berlin noch an der Inselspitze ablieferten (◔ April bis 15. Okt. Mi 9–16, So 13–17 Uhr).

Zum Abschluß des Spaziergangs kann man sich beim *Fischermeister* (Fischerstr. 33) Geräuchertes aus der Havel zulegen, bevor man sich zu einer Havel-Rundfahrt mit den Schiffen der Weißen Flotte entschließt, die an der Langen Brücke ihren Ablegepier haben.

❶ **Tourismus-Büro Werder,**
Kirchstr. 6–7, 14542 Werder/Havel,
☎ 0 33 27/78 33 74, ⎙ 4 43 85.

Das Petzower Schloß von Schinkel

Ausschank beim Baumblütenfest in Werder

Der alljährliche Rausch

Recht feuchtfröhlich geht es in Werder regelmäßig in der letzten April- und ersten Maiwoche zu, dann nämlich ist Baumblütenfest. Wenn Abertausende von Obstbäumen die ganze Umgebung in ein Blütenmeer aus Weiß und Rosa tauchen, strömen scharenweise die Besucher in Zügen, Schiffen, Omnibussen, Autos und mit Fahrrädern herbei; am besten also kommt man zu Fuß!

Das alles begann 1879, als der Werderaner Obstzüchter Wilhelm Wils seine Kollegen und Freunde aus dem Obstbau-Verein überredete, den Höhepunkt der Baumblüte in allen Berliner Zeitungen bekanntzugeben und zur Obstwein-Verkostung einzuladen.

Ziel – und meist auch letzte Station – der Festzugteilnehmer sind die Traditionsgaststätten Rauenstein und Friedrichshöhe am Hohen Weg mit ihren großen Festsälen und den noch größeren Biergärten für mehr als 3000 Weinselige.

Unter Naturschutz stehen die sogenannten Glindower Alpen, eine weniger von steilen Achttausender-Gipfeln als von eiszeitlich geschichteten Erdreliefs geprägte Landschaft mit reichen Tonvorkommen.

Am Rand dieser Region liegt der Ort **Glindow** (3200 Einw.). Seit dem ersten Spatenstich der emsigen Mönche aus dem nahen Kloster Lehnin (s. S. 87 f.) im Jahr 1458 wird der Ton hier systematisch abgebaut und zu Ziegeln gebrannt – erst nur für den Klosterbau und später, in den Gründerjahren des 19. Jhs., für halb Berlin. Aus über 50 Schornsteinen rauchten die Brennöfen zeitweise auf Hochtouren. Geblieben ist einzig die *Glindower Ziegelei* (Alpenstr. 47). Mittlerweile werden die handgestrichenen und im Ringofen gebrannten Formsteine, Fußbodenplatten und Ziegel zur Restaurierung von denkmalgeschützten Kirchen und Wohnhäusern aus ganz Deutschland bestellt. In dem gut 100 Jahre alten *Musterturm* erklärt das liebevoll eingerichtete *Märkische Ziegeleimuseum* die Geschichte dieser Produktionsstätte (⊙ März bis Okt. Mi–So 10–16 Uhr, im Winter nur nach Vereinbarung; ☎ 0 33 27/6 64 90). Das einzige *Zweirad-Museum* Brandenburgs mit einer Sammlung antiquierter Fahrräder und heißer Motoröfen von 1918 bis 1955 hat seinen Sitz direkt an der B 1, in der Chausseestraße (⊙ Mi 13–17, Sa/So 10–12, 13–17 Uhr; ☎ 4 01 63 oder 4 01 67).

Brandenburg/Havel

Größte Stadt des Havellandes ist Brandenburg (87 700 Einw.), das als ältester Ort der Mark auch Namensgeber für das ganze Bundesland wurde. Aufgrund seiner industriellen Bedeutung durch die Fahrradfabrik Brennabor, das Stahl- und Walzwerk sowie die Zweigniederlassungen der Rüsselsheimer Opel- sowie der Arado-Flugzeugwerke erlitt Brandenburg im Sommer 1944 durch alliierte Bombenangriffe schwere Schäden. Bei einem Besuch der drei

historischen Stadtzentren, der Dominsel sowie der Alt- und Neustadt, kommt momentan noch eine Art Bonjour-tristesse-Gefühl auf: Gähnend leere Baulücken und zahlreiche Hausruinen mit vernagelten Fensteröffnungen zeigen, daß man aus dem Vorwende-Zustand der Vernachlässigung noch nicht so recht herausgefunden hat.

Der ebenfalls vom Verfall bedrohte ** *Dom St. Peter und Paul,* die Mutter aller Kirchen in Berlin und Brandenburg, aber hat sich seine eindrucksvolle Ausstrahlung bewahrt. Die Geschichte des Dombaus ist eng mit der des Havellandes verbunden: Das 948 von Otto I. gestiftete Bistum Brandenburg ging dem Deutschen Reich nur wenige Jahre später durch den Großen Slawenaufstand wieder verloren. Erst nachdem Markgraf Albrecht der Bär den Hevellerfürsten Pribislaw besiegt hatte, begann er 1165 auf den Fundamenten der zerstörten Slawenburg mit dem Bau einer romanischen Basilika, die bis 1836 mehrfach umgebaut und erweitert wurde. Zur Innenausstattung gehören außerordentlich qualitätsvolle Werke: Der sogenannte Böhmische Altar im südlichen Querhaus stammt aus der Zeit um 1380 und ist damit der früheste Flügelaltar, der überhaupt aus dem böhmischen Kunstkreis bekannt ist. Die kreuzrippengewölbten Räume der Bunten Kapelle, zwischen Chor und Querhaus, wurden im 13. Jh. ornamental ausgemalt (⊙ Mo–Di, Do–Sa 10–18, Mi 10–12, So 11–18 Uhr).

Das *Dommuseum* in der Klausur des Domklosters, das man vom Dom aus betreten kann, zeigt weitere Schätze, zu denen sakrale Skulpturen, prächtige liturgische Handschriften und Altartafeln aus der Reformationszeit, unter anderem aus der Cranach-Werkstatt, gehören (⊙ Di, Do bis Sa 10–16, Mi 10–12, So 10–16 Uhr). Teil des 1870 angebauten Westflügels ist die *Ritterakademie,* ein neugotischer Backsteinbau mit hübschen Schmuckgiebeln, in dem bis 1937 der blaublütige Nachwuchs Preußens ausgebildet wurde.

Unter dem Fundament der im 13. Jh. errichteten *St. Petri-Kapelle*, vis-à-vis dem netten Dom-Café, vermuten Archäologen das Grab des 1150 verstorbenen Slawenfürsten Pribislaw. Heute stellt hier das *Studio für Abgewandte Kunst* experimentelle und raumbezogene Arbeiten zeitgenössischer Künstler aus (○ Di–So 11–15 Uhr).

Am gegenüberliegenden Havel-Gestade der Altstadt zeigt das *Stadtmuseum im Frey-Haus* Stücke aus der Stadt- und Landesgeschichte. Seinen Namen erhielt das 1723 erbaute Barockhaus durch die Erklärung Friedrichs des Großen zum abgabenbefreiten „Frey-Haus". Aus der Zeit des preußischen Absolutismus stammt das Schwert, mit dem Katte, der Jugendfreund und Fluchthelfer des Kronprinzen, des späteren Friedrichs des Großen, hingerichtet wurde. Auf der Flucht vor dem gnadenlosen Regiment des Soldatenkönigs wurden beide jedoch erwischt und Katte vor den Gefängnisfenster seines verzweifelten Freundes enthauptet. Amüsant ist dagegen die Spielzeugsammlung im Hofgebäude mit Blechspielzeug aus der Zeit von 1881 bis 1992 der weltbekannten Firma Ernst Paul Lehmann, darunter bunte Blechautos und Kletteraffen (Ritterstr. 69; ○ Di–Fr 9–17, Sa/So 10–17 Uhr).

Vor dem Portal des *Altstädter Rathauses* stützt sich der *Roland*, das 5,35 m große Wahrzeichen der Stadt, auf sein Schwert. Diese Figur, die ursprünglich vor dem Neustädter Rathaus stand, ist sogar noch das Original aus dem Jahr 1474, dem man als Blitzableiter extra ein Büschel Donnerbart (Krautbüschel auf Erde) aufs Haupt gegeben hat. Das Portal und die Feldsteinquader im unteren Teil der doppeltürmigen *Pfarrkirche St. Gotthard* sind die ältesten sichtbaren Brandenburger Bauteile, denn hier hatte der getaufte Hevellerfürst Pribislaw spätestens 1147 ein Prämonstratenserkloster gegründet. Von der Altstadt führt die *Jahrtausendbrücke* über die Havel in die Neustadt. Am Anlegepier der Weißen Flotte bei der

1

Seite **45**

Märkisches Ziegeleimuseum im Musterturm in Glindow

Der Brandenburger Dom St. Peter und Paul

Altstädter Rathaus mit Roland in der Stadt Brandenburg

Brücke starten die Fahrgastschiffe zu Rundfahrten in alle Himmelsrichtungen (🚢 Abfahrtszeiten und -strecken zu erfahren in der Packhofstr. 29–31, ☎ 22 39 59).

Der *Steintorturm* ist zusammen mit den anderen drei verbliebenen Toranlagen ein Überbleibsel der einst zehn Brandenburger Stadttore.

Bis auf die Zinnen kann man hinaufsteigen und über die Dächer der Neustadt zum Turm der spätgotischen *St.-Katharinen-Kirche* blicken. Die Tontafel-Inschrift an einem Strebepfeiler der Nordkapelle erwähnt den Stettiner Hinrik Brunsberg als Baumeister und das Datum 1401 für die Vollendung des Langhauses. Die siebenjochige Hallenkirche wird als eine der bedeutendsten Leistungen der norddeutschen Backsteingotik angesehen und übt aufgrund ihrer harmonischen Gestaltung im Inneren eine großartige Wirkung aus. Eine Augenweide sind die filigranen Ziergiebel der Kapellen, an denen Brunsberg seinen reichen Dekorationsstil voll zur Geltung brachte. In das Chorscheitelfenster wurden 1975 Glasmalereien aus der 1945 zerstörten Dominikanerklosterkirche St. Pauli eingefügt.

Bei einem Spaziergang an der Uferpromenade des *Schleusenkanals* kommt man am *Brandenburger Theater* vorbei (Schauspiel, Musik- und Tanztheater, Puppenbühne, Konzerte; ☎ 22 25 90).

In der Hauptstraße, die mittlerweile zum autofreien Einkaufsboulevard erklärt wurde, trifft man auf die zierliche *Brunnenfigur Fritze Bollmann*, ein echtes Brandenburger Original, das um 1875 als Barbier in der Stadt gelebt haben soll. Ein Spottlied erzählt, wie der tollpatschige Fritze eines Tages aus Versehen beim Angeln im Beetzsee ertrank und von dem völlig entnervten Petrus gleich wieder aus dem Himmel entlassen wurde, da er ihm beim Vollbart-Rasieren auf seine unbekümmerte Art das Gesicht zerschnitten hatte ...

Praktische Hinweise

❶ Brandenburg-Information, Hauptstr. 51, 14770 Brandenburg/ Havel, ☎ 📠 0 33 81/2 37 43.

Ⓗ SORAT Hotel Brandenburg, Altstädtischer Markt 1, ☎ 59 70, 📠 59 74 44. Anspruchsvolleres, ruhiges Haus im Ortszentrum mit Restaurant. ⓈⓈⓈ
Hotel Lindenhof, Chausseestr. 21, Ortsteil Plaue, ☎ 40 35 10, 📠 40 24 95. Etwas außerhalb, an Wald und See; Restaurant. Ⓢ Ⓢ
Jugendherberge Brandenburg, Hevellerstr. 7, ☎ 📠 52 10 40.
△ Camping Margarethenhof, 14774 Brandenburg, Ortsteil Plaue, ☎ 40 32 27.

Ⓡ Kartoffelkäfer, Steinstr. 56, ☎ 22 41 18. Alles Leckere rund um den Erdapfel (🕐 tgl. 11–24 Uhr). Ⓢ
Blaudruck Café, Steinstr. 21, ☎ 22 57 34. Café mit Wein- und Wildkeller, das außerdem Kleidung und Tischwäsche in Blaudrucktechnik verkauft (🕐 tgl. 8.30–23 Uhr). Ⓢ
Dom-Café, Burghof, Auf der Dominsel, ☎ 52 43 27. Süßes und Herzhaftes; eine Empfehlung ist das idyllische Biergärtchen (🕐 tgl. 11–18 Uhr und nach Domkonzerten). Ⓢ

———

Einen Abstecher von der Landstraße lohnt das zwar leider verfallene, wegen seiner Geschichte aber dennoch interessante **Barockschloß Nennhausen.** Seit 1737 diente die Anlage als Adelssitz der von Lochows, die auch in der *Dorfkirche* ein Epitaph haben. 1813 heiratete der Dichter Friedrich Heinrich Karl Freiherr de la Motte Fouqué die Tochter des Hauses, Karoline von Rochow, und schrieb hier seine romantische Märchennovelle „Undine". 1850 wurde der rechte der ursprünglich drei Schloßflügel entfernt, und zehn Jahre später überformte der Architekt Ferdinand von Arnim das Anwesen im Tudorstil. Der schöne *Landschaftspark* hinter dem Schloß wurde Ende des 18. Jhs. als einer der ersten in der Mark angelegt. Der Weg nach Nennhausen führt zu-

Seite
45

gleich hinein ins *Havelländische Luch,* eine von kleinen Kanälen durchzogene moorige Niederung mit weiten Wiesen und Feldern.

Rathenow (28 800 Einw.) ist die Hauptstadt des Großkreises Havelland. Im 18. Jh. war der Ort für seine Produktion schöner roter Ziegelsteine bekannt. Kaum jemand weiß allerdings, daß das gesamte Holländische Viertel in Potsdam (s. S. 31) und das Rote Rathaus in Berlin eigentlich aus Rathenow stammen. Erster Programmpunkt für Touristen ist der *Schleusenplatz* mit dem imponierenden und bildhauerisch bedeutenden *Denkmal des Großen Kurfürsten Friedrich Wilhelm,* das an den Sieg über die Schweden erinnert. Als die Schweden Rathenow 1675 erobert hatten, marschierte der bei Schweinfurt stationierte Kurfürst eilends mit 15 000 Mann herbei und entriß den Besatzern die Stadt in einem Handstreich. 1732 machte Friedrich Wilhelm I. eine Garnisonstadt aus dem Ort, indem er die nach dem preußischen Reitergeneral von Zieten benannten Roten Zietenhusaren hier einquartierte. Da die Stadt 1945 schwer zerstört wurde, blieben aus dieser Zeit nur die Häuser in der Schleusenstraße 1–4 und am Schleusenplatz 2–4 erhalten.

Die *Pfarrkirche St. Marien und St. Andreas* besitzt einen schönen Schnitzaltar mit der vornehm und elegant wirkenden Figur der Maria, umgeben von vier weiblichen Heiligen. Am Bahnhof wurde dem hauptberuflich zum Prediger ausgebildeten *Johann Heinrich August Duncker* ein *Denkmal* gesetzt. Mit der Erfindung einer Maschine zum Schleifen von Brillengläsern begründete Duncker 1801 die optische Industrie in Rathenow. Die Stadt nahm einen wirtschaftlichen Aufschwung, von dem sie fast zwei Jahrhunderte, bis zur Nachwende-Abwicklung der Rathenower Optischen Werke, profitierte. Das *Kreismuseum* widmet sich unter anderem der Lebensgeschichte dieses Mannes (Rhinower Str. 19 d; ◷ Di–Do 9–17, So 13.30–16.30 Uhr).

Denkmal des Großen Kurfürsten vor den ältesten Häusern Rathenows

Innenraum der Paretzer Kirche

Das havelländische Schloß Marquardt

An der Landstraße Richtung Nauen liegt das ganze 400 Einwohner zählende Örtchen **Ribbeck,** dessen Gutshaus durch Theodor Fontanes Ballade über den „Herrn von Ribbeck auf Ribbeck im Havelland" weit über Brandenburg hinaus bekannt geworden ist. Sie erzählt vom gutmütigen „alten Ribbeck", der den Dorfkindern mit den Worten „Junge, wist' ne Beer?", immer Birnen schenkte. Die Knauserigkeit seines Nachfolgers vorausahnend, ließ er sich bei seinem Tod eine Birne mit ins Grab legen, und bald konnten sich die Jungen und Mädels an den goldgelben Früchten des neuen Baumes wieder nach Herzenslust bedienen.

Tatsächlich war das stattliche *Ribbeck-sche Gutshaus,* in dem heute ein Altenheim untergebracht ist, von 1374 bis 1945 im Besitz dieser Adelsfamilie. Ein leibhaftiges, wildgewachsenes Birnenbäumchen steht neben dem Portal der *Dorfkirche.*

Die Kleinstadt **Nauen** (10 300 Einw.) hat sich viel von ihrem ursprünglichen Charme erhalten. Im Ortskern, wo auch die *St.-Jacobi-Kirche* und das *Backstein-Rathaus* stehen, holpert das Auto nicht schlecht über das löcherige Kopfsteinpflaster. Im *Stadtmuseum,* einem kleinen Ackerbürgergehöft aus dem Jahr 1820, werden Exponate zur Stadtgeschichte, zum regionalen Handwerk und zur Landwirtschaft gezeigt. Ein beliebter Gag bei den Führungen ist die kuriose Mausefalle „Marke Eigenbau" aus dem vorigen Jahrhundert, deren eigentlicher Zweck dem Gerät überhaupt nicht anzusehen ist (Rathausplatz 2; ◷ Mi–Sa und jeden 1. und 3. So im Monat 13.30–16 Uhr). Nauen hat aber auch Ernsthafteres zu bieten, nämlich zwei Werke von Berliner Werkbund- und Expressionismus-Architekten: Die *Goethe-Oberschule* (Parkstr. 7) aus dem Jahr 1915 von Max Taut und am nordöstlichen Stadtrand in der Graf-Arco-Straße die erste deutsche *Großfunkstation* aus dem Jahr 1919 von Hermann Muthesius. 1945 demontierten die Sowjets alles, was nicht niet- und nagelfest war, besonders das Inventar der Turbinenhalle. Momentan wird das Gebäude als Funkamt der Telekom rekonstruiert und mit einer modernen Antennenanlage versehen.

🏠 **Hotel Bollmannsruh,** Bollmannsruh Nr. 10, 14778 Päwesin, ☎ 03 38 38/47 90, 📠 47 91 00. 17 km außerhalb, idyllisch am Beethsee gelegenes komfortables Haus mit Sauna, Biergarten, Restaurant und Bar. ⑤

Ein sympathisches frühklassizistisches Musterdörflein, wie man es in ganz Deutschland nicht wiederfindet, ist das nach *Ketzin* eingemeindete **★★ Paretz.** Gleich nach ihrer Heirat mit Preußenkönig Friedrich Wilhelm III. kaufte Königin Luise das gesamte Gut und ließ sich zwischen 1795 und 1803 das *Schloß,* samt *Kirche, Gotischem Haus, Schmiede* und *Torhäusern* von David Gilly d. Ä. erbauen.

„Schloß still im Land", wie Paretz alsbald genannt wurde, ermöglichte der königlichen Familie ungezwungene Sommeraufenthalte. Es liegt mitten im Ort und wird dennoch leicht übersehen, denn aus dem geschmackvollen Anwesen ist ein häßlich grau verputztes Haus geworden. 1945 bezog die Rote Armee Quartier, und später unterhielt der VVB Tierzucht hier eine Bauernhochschule. Seit der Wende engagiert sich ein Verein recht erfolgversprechend für die Wiederherstellung des Originalzustands.

Den Abschluß des havelländischen Schlösserreigens bildet **Marquardt** (880 Einw.), das eine stattliche barocke *Schloßanlage* mit einem von Peter Joseph Lenné gestalteten *Park* am Ufer des Schlänitzsees aufzuweisen hat. Der finanziell angeschlagene „Berliner Eisenkönig", Wirtschaftsmagnat Louis Ravené, mußte das Schloß 1932 an das Hotel Kempinski verpachten, das daraus ein fürnehmes Ausflugsziel für die Berliner Hautevolee machte; heute steht das Anwesen – noch – leer.

Route 2

Die Prignitz – Land der Störche

Pritzwalk – Perleberg – Kyritz –
*Wittstock – Heiligengrabe (147 km)

Die Prignitz, eine brandenburgische Kleinlandschaft zwischen Mecklenburg, der sachsen-anhaltinischen Altmark und dem Ruppiner Land, ist eine sanfthügelige Gegend im Nordwesten der Mark. Berühmt ist vor allem die Westprignitz als Region mit der größten Storchenpopulation in Deutschland. Um die 80 junge Rotstrümpfe schlüpfen alljährlich allein in der kleinen Gemeinde Rühstädt bei Bad Wilsnack aus dem Ei, ein Ereignis, das besonders 1994, im Jahr des Storches, ganze Busladungen begeisterter Ornithologen anlockte. Der Nachwende-Fortschritt freilich macht sich in der blitzsauber und konservativ wirkenden Prignitz nur recht gemächlich breit, in vielen Städten und Dörfern regiert der Charme des Unvollkommenen noch auf sympathische Weise.

Einer der Hauptorte der Ostprignitz ist **Pritzwalk** (11 500 Einw.). Die wirtschaftliche Stellung der 1256 zur Stadt erhobenen Ansiedlung war von jeher gut, da sie günstig am Kreuzungspunkt von stark frequentierten Handelswegen zwischen Altmark, Mecklenburg und Stettin lag. So gehörte Pritzwalk auch dem Kaufmannsbund der Hanse an.

In dem Vorgängerhaus des efeubewachsenen *Stadtmuseums* lagerten Tonnen von Lübecker Salz, das sogenannte weiße Gold. Ein Teil der Ausstellung widmet sich dem Pritzwalker Heinrich Gätke, einem weitläufigen Verwandten Fontanes, der die Wissen-

2

Seite 55

Paretz stellt sich als frühklassizistisches Dörfchen dar

Die Stadtmauer von Pritzwalk in der Prignitz

Blick auf das Stadtzentrum von Perleberg

2

Seite
55

schaft der Ornithologie begründete und an der Helgoländer Vogelwarte forschte (Magazinplatz; ◷ Mo–Do 10–12, 14–16 Uhr). Die Innenstadt wurde am 15. April 1945 durch die Explosion von V1-Munition stark zerstört. An wichtigen historischen Zeugnissen sind daher nur das *Rathaus,* einige *Stadtmauerreste* und die Kirche *St. Nikolai und St. Martin* verblieben.

Das über 750 Jahre alte Kreisstädtchen **Perleberg** (14 000 Einw.) wurde von dem Adelsgeschlecht Gans zu Putlitz 1239 gegründet, ging 1275 aber an die Markgrafen von Brandenburg. Der von der Stepenitz umflossenen Altstadtinsel sieht man heute erst auf den zweiten Blick an, daß sie einst das blühende Zentrum einer Hansestadt war, die im 14. Jh. zu den wohlhabendsten Gemeinden der Mark gehörte, denn in der Prignitz wütete der Dreißigjährige Krieg am schlimmsten, und daher haben nur wenige Gebäude diese Zeit überstanden.

Eines davon, das älteste Fachwerkhaus der Stadt aus der Zeit um 1515, ist das architektonisch bemerkenswerte *Kaufmannshaus* am Großen Markt 4. In den unteren Schriftbalken an der Fassade ist eine sogenannte Neidmaske geschnitzt, die sowohl dem Betrachter als auch den Stadtvätern im *Rathaus* die Zunge herausstreckt. Als Verkörperung des städtischen Selbstbewußtseins aufgrund eigenen Stadtrechts und eigener Gerichtsbarkeit ist die 5,40 m hohe *Sandsteinstatue des Roland* aus dem Jahr 1546 zu verstehen. Den Reigen der Bauwerke am Großen Markt vervollständigt die *Jakobikirche*. Hier wirkte ab 1707 der für seine „Kirchen- und Ketzergeschichte" berühmt gewordene Pietist Gottfried Arnold. Malerisch nehmen sich die Gewölbe-Kreuzrippen aus, die den Eindruck erwecken, als würden sie wie Palmwedel aus den Backsteinsäulen des Mittelschiffs herauswachsen. An der Südseite des Großen Marktes hat das *Perleberger Heimatmuseum* sein Domizil. Zu sehen sind Ausstellungsstücke zur Stadtgeschichte

seit der Ur- und Frühzeit, großbürgerliche Wohnkultur des Biedermeier und biographische Dokumente zu den drei Perleberger Berühmtheiten: der Opernsängerin Lotte Lehmann, dem Fotografen und Maler Max Zeisig sowie zu Wilhelm Nürnberg, dem Erfinder der Schuhcreme. Ein Bonbon der Ausstellung ist ein komplett erhaltener Kolonialwarenladen aus der Zeit der Jahrhundertwende (Eingang: Fachwerkhaus Mönchort 7; ◷ Di–Fr 9–12, 13–16, Sa/So 14–17 Uhr).

Der Startschuß für den Kurort **Bad Wilsnack** (3000 Einw.) fiel 1906, als der Förster Zimmermann in der Umgebung die heilende Wirkung der eisenoxidhaltigen Moorerde auf den Flußwiesen entdeckte. Fortan entwickelte sich das Ackerbürgerstädtchen zum Kurbad mit großzügigen Kliniken und Parks, und bis auf eine kurze Unterbrechung des Badebetriebs während des Zweiten Weltkriegs blieb es bis heute dabei. Zwar fehlen noch die dazugehörigen schicken Cafés und Einkaufsmöglichkeiten, doch die moderne *Elbtal-* und die *Goetheklinik* sind immer ausgelastet. Wer einen Spaziergang entlang der Großen Straße bis zur Lindenstraße mit ihren schmucken *Fachwerkhauszeilen* macht, kommt unweigerlich am Bad Wilsnacker Wahrzeichen, der *Wunderblutkirche St. Nicolai,* vorbei. Sie soll im Mittelalter nach Santiago de Compostela in Spanien das meistbesuchte Wallfahrtsziel Europas gewesen sein. Während einer Brandschatzung im Jahr 1383 blieben angeblich auf dem Altar drei Hostien zwar unversehrt, dafür aber blutend erhalten. Der Wunderblutschrein ist in einer eigenen Seitenkapelle zu sehen, und auch die wertvollen Glasfenster zeugen noch von dem guten Geschäft mit dem „Wunderblut".

❶ **Haus des Gastes – Fremdenverkehrs- und Kulturverein Prignitz e.V.,** Im Birkengrund, 19336 Bad Wilsnack, ☎ 03 87 91/3 66 11, 🖷 20 50; auch Vermittlung von Radtouren mit Gepäcktransport durch die Prignitz.

Über den Ort *Haaren* bietet sich durch die Bad Wilsnacker Wälder ein Abstecher zur **Plattenburg** an, der größten und ältesten norddeutschen Wasserburg. Auf Anregung der einstigen Besitzerfamilie von Saldern betreibt ein Förderverein die Restaurierung und Bewirtschaftung der Burg. Während im *Ahnensaal* Kunstausstellungen zu sehen sind, werden im Gewölbe unter der *Kapelle,* die ursprünglich als Back- und Brauhaus benutzt wurde, regelmäßig mittelalterliche Tafelrunden bei Lautenmusik abgehalten. Mindestens einmal im Monat finden am Samstagabend Klassik-, Blas- oder Jazzkonzerte statt, und jedes Jahr sind Anfang Juni beim Mittelalterspektakel im Burghof Himmel und Hölle los (🕐 Mi bis So 10–16 Uhr).

🏠 **Plattenburg,** Auf der Burg, 19336 Plattenburg, ☎ 🖷 03 87 91/ 24 00. Jugendherbergsähnliches Übernachten in preiswerten Mehrbettzimmern, Radler bekommen auf Wunsch ein Lunchpaket mit auf den Weg. ⑤

Großer Markt in Perleberg

2

Seite 55

Kapelle in der Plattenburg

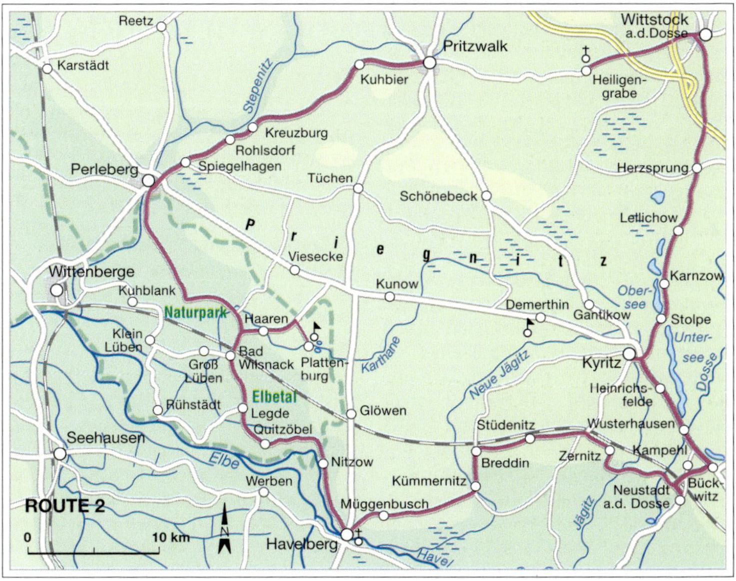

Wenn am ersten Septemberwochenende im sachsen-anhaltinischen **Havelberg** (7500 Einw.) der volksfestähnliche *Pferdemarkt* abgehalten wird, kommen bis zu 200 000 interessierte Pferde-, Pony-, Fohlen- und Eselkäufer in die Stadt. Diese Markttradition läßt sich bis ins Jahr 1170 zurückverfolgen, das Jahr, in dem das Havelberger Wahrzeichen, der ** *Dom St. Marien*, geweiht wurde (🕐 Mo–Di 10–12, 13–18 Uhr; jeden Sa 16 Uhr Dommusik). Schon 948 hatte König Otto I. hier ein Bistum zur Missionierung der „heidnischen" Slawen gegründet, das aber bereits im Großen Slawenaufstand 983 wieder unterging. Erst dem päpstlichen Legaten Anselm von Havelberg gelang es dann, die bischöfliche Macht wiederherzustellen und sie durch den Dombau und die Gründung eines Prämonstratenserstifts zu festigen.

Neben dem eindrucksvollen und künstlerisch höchst wertvoll ausgestatteten Dom, der zu den ältesten und bedeutendsten Kirchenbauten östlich der Elbe gehört, kann man noch die dreiflügelige *Klosteranlage* rund um den Klosterhof besichtigen. Der Klosterhof hat eine gute Akustik, und Konzerte unter freiem Himmel sind hier immer besonders stimmungsvoll (❶ Konzertinfo über Kantorei: ☎ 03 93 87/ 8 83 80 oder 8 82 24). Auch das *Prignitz-Museum* mit den Abteilungen zur Ur- und Frühgeschichte sowie zur Bistumsgeschichte hat hier sein Domizil (🕐 Mi–So 10–2, 13–18 Uhr; Domführung tgl. 11 und 14 Uhr).

Der übrige Teil der Altstadt liegt malerisch zu Füßen des Dombergs auf der Flußinsel zwischen Havel und Stadtgraben. Den schönsten Blick über das Stadtpanorama hat man vom Domplateau. In Havelberg treffen sich nämlich die Urstromtäler von Elbe und Havel, die von Süden und Osten kommen und vereint nach Nordwesten weiterfließen. Kein Wunder also, daß die Stadt mehrmals im Lauf ihrer Geschichte – zuletzt 1909 – von Überschwemmungskatastrophen heimgesucht wurde. Trotzdem

blieben über die Jahrhunderte viele ansehnliche barocke *Fachwerkhäuser* und zwei kleine Hospitalkirchen erhalten, die 1390 gestiftete *Heilig-Geist-Kapelle* an der Langen Straße und die achteckige *St.-Anna-Kapelle* aus dem 15. Jh. am Camps.

❶ Tourist-Information der Stadtverwaltung Havelberg, Salzmarkt 1, 39539 Havelberg, ☎ 🖷 03 93 87/8 82 24.

🏠 Gasthaus „Zur Güldenen Pflaume", Lehmkuhle 2/3, 39539 Havelberg, ☎ 2 13 03. Am nettesten ist das Biergärtchen hinter dem Haus. Ⓢ

Das *Brandenburgische Haupt- und Landgestüt* in **Neustadt/Dosse** (3500 Einw.) geht auf den Soldatenkönig Friedrich Wilhelm II. zurück, der hier 1788 zwischen Sumpf und Sand eine Pferdezucht für seine Kavallerie gründete. Die traditionelle *Hengstparade* an drei aufeinanderfolgenden Sonntagen im September ist eine Show mit verschiedenen Programmnummern, in der die für die Zucht vorgesehenen Hengste in Springen, Kutschenfahren und der Hohen Schule der Dressur zeigen, was sie können (🕐 tgl. 7–16 Uhr; Stallführung nur nach Absprache; Info und Karten: ☎ 03 39 70/1 34 95).

🏠 Parkhotel St. Georg, Prinz-von-Homburg-Str. 35, ☎ 🖷 03 39 70/ 1 38 15. Neuerbaute Verwöhnatmosphäre mit Sauna, Solarium und Terrasse zum Park. Ⓢ

🏠 Restaurant und Hotel im Hauptgestüt, 16845 Neustadt/Dosse, ☎ 1 32 02, 🖷 1 39 01. Märkisch-bürgerlich durch und durch, mit Sonnenterrasse (🕐 tgl. 11–24 Uhr). Ⓢ

Auf der Rundfahrt durch die Prignitz passiert man an der B 102 auch den vielbesuchten Ort **Kampehl,** der allein wegen Christian Friedrich Ritter von Kahlbutz in letzter Zeit zu einer wahren Touristenattraktion geworden ist. Mit dem unverwesten, mumifizierten ritterlichen Leichnam, der in der Kirche in einem glasbedeckten Doppelsarg auf-

Seite 55
2

gebahrt ist, verbindet sich die Geschichte vom Gutherrn Kahlbutz, dem eine mutige junge Frau vor rund 300 Jahren das übliche „Recht der ersten Nacht" verweigerte, worauf er sich rächte, indem er im Jähzorn ihren zukünftigen Ehemann ermordete. Bei der Gerichtsverhandlung soll Kahlbutz alles bestritten und dabei geschworen haben, daß sein Leib niemals zu Staub werde solle, wenn er lüge. Im Volksmund geht seitdem der Reim: „Unverwest sieht man ihn liegen, und nun ist es allen klar: Seine Schwüre waren Lügen, weil nur er der Mörder war ..."

Havelberg – Blick zum Dom St. Marien

ⓡ **Töpfercafé,** Dorfstraße, 16845 Kampehl, ☎ 03 39 70/1 38 54. Die Hausmacherbratwurst und das süße Schwarzbier „Mord und Totschlag" sind ein Gedicht, das Biergärtchen eine Idylle; die Töpferei bietet hübsches Küchengeschirr als Mitbringsel (◷ März bis Nov. Di–So 10–18, Dez. bis Febr. Mi–So 10–18 Uhr). ⓢ
Zum Ritter Kahlbutz, Dorfstraße, 16845 Kampehl, ☎ 03 39 70/1 38 90. Märkische Fleischküche mit ausgezeichneten Bratkartoffeln, großer Saal für Busreisegruppen (◷ tgl. 10 bis 24 Uhr). ⓢ

In Neustadt/Dosse gründete der Soldatenkönig ein Pferdegestüt

Als „Kyritz an der Knatter" ist **Kyritz** (9700 Einw.) vielen bekannt. Den ulkigen Beinamen verdankt die Kleinstadt jedoch nicht einem Fluß, sondern den vielen ehemaligen Wassermühlen, die draußen am Flüßchen Jägelitz seit dem 13. Jh. so vor sich hinknatterten. Geblieben ist hingegen das im Stil des Historismus erbaute kastellartige *Backsteinrathaus* mit seinem Uhrentürmchen. Im Sitzungssaal kann man das

Eine Legende verbindet sich mit dem Ritter von Kahlbutz

Schwert des grausigen Raubritters von Bassewitz betrachten, mit dem die wehrhaften Kyritzer 1411 diesem gefürchteten Mann den Kopf abschlugen, nachdem er versucht hatte, die Stadt durch einen selbstgegrabenen Tunnel zu erobern. Auf dieses Ereignis bezieht sich noch heute das am letzten Maiwochenende gefeierte Bassewitzfest, ein Volksfest mit mittelalterlichem Spektakel und Markt.

Die *Pfarrkirche St. Marien* ist eine Stilmischung aus gotischer, barocker und neugotischer Baukunst. Gern verweisen die Kyritzer auf das Gemälde „Kreuztragung Christi" seitlich des Altars, das von Abraham van Dippenbeck, einem Schüler des Peter Paul Rubens, stammt. Die schönen alten *Fachwerkhäuser* am Markt und in der Johann-Sebastian-Bach-Straße, dazu die teilweise erhaltene *Stadtmauer* aus dem 13. Jh. tragen zu einer ländlich-kleinstädtischen Atmosphäre bei.

Vor der Haustür liegt die als Landschaftsschutzgebiet ausgewiesene *Kyritzer Seenkette*, ein weitläufiges Naherholungsgebiet zwischen Wusterhausen und Bork mit dem Bantikower, Stolper, Salz- und Borker See.

❶ **Kyritz-Information,** Bahnhofstr. 5, 16866 Kyritz, ☏ ✉ 03 39 71/5 23 31; auch Tips und Karten für Wander- und Radtouren.

🏨 **Hotel Landhaus Muth,** Pritzwalker Str. 40, 16866 Kyritz, ☏ 7 15 12, ✉ 7 15 13. Umgebauter alter Bauernhof mit geräumigen Zimmern und gemütlichem Restaurant mit Fisch- und Wildgerichten. Ⓢ

🏨 **Inselrestaurant,** Am Untersee, ☏ 5 41 42. Per Fähre von Kyritz-Waldkolonie oder Bantikow geht es hier zur Insel im Untersee mit ihrer einmaligen Lage (Ⓞ Mai bis Okt. 11 bis 22 Uhr). Ⓢ

Zurecht wirbt die Stadt **٭Wittstock** (13 700 Einw.) mit dem Slogan „norddeutsches Rothenburg ob der Tauber", denn der geschlossene historische Altstadtkern mit einer 2500 m langen und über 7 m hohen mittelalterlichen ٭*Backsteinmauer,* dem *Gröper Torturm* und den halbrunden *Wiekhäusern* (s. S. 16) ist gut erhalten. Diese dicken Mauern waren auch nötig, denn als der Havelberger Bischof 1270 seinen Sitz von Havelberg hierher verlegte, erlangte die Stadt auf einmal große strategische Bedeutung im Kampf um die Christianisierung der Mark Brandenburg. Der *Amtsturm,* in der südlichen Ausbuchtung der Stadtmauer, in dem das *Ostprignitzmuseum* heute seine Schätze zeigt, ist ein Rest dieser bischöflichen Burg (Ⓞ Di–Fr 9–16, So 11 bis 16.30 Uhr).

Die sogenannte *Schwedenpappel* an der Bahnschranke hinter dem Museum erinnert an die Schlacht am Scharfenberg, in der am 4. Oktober 1636 zwischen kaiserlich-sächsischen und schwedischen Truppen die letzte und blutigste Schlacht des Dreißigjährigen Krieges entschieden wurde. Der Dichter Hans Jakob von Grimmelshausen setzte diesem Grauen in seinem Roman „Simplicius Simplicissimus" als Zeitzeuge ein Denkmal. Am Markt erhebt sich das wuchtige *Rathaus.* An seiner östlichen Schmalseite ist noch die *Gerichtslaube* zu sehen, in der im 15. Jh. Recht gesprochen wurde.

Über alle Dächer und Baumkronen hinweg aber ragt der Turm der *St.-Marien-Kirche,* der mit 122 m zeitweilig einer der höchsten im ostelbischen Raum gewesen sein soll. Das bedeutendste Werk der reichen mittelalterlichen Ausstattung ist der spätgotische Schnitzaltar, der vermutlich aus der Werkstatt des Lübecker Schnitzers Claus Berg stammt.

❶ **Fremdenverkehrsbüro Wittstock/Dosse,** Markt 1, 16909 Wittstock/Dosse, ☏ 0 33 94/43 34 42, ✉ 43 36 20.

Der Ort **Heiligengrabe** (1000 Einw.) nennt sich nach dem evangelischen ٭*Damenstift,* das aus einem mittelalterlichen Zisterzienserinnenkloster hervorgegangen ist. Von ehrwürdig alten Backstein-Klostermauern umgeben entfaltet sich eine eigene kleine Welt, bestehend aus einem Glockenturm, der Klausur (Abtei), dem Damenhof (Stiftsdamenwohnungen) und der Paramentenwerkstatt. Hier werden verschiedene Textilien für den liturgischen Gebrauch in evangelischen Kirchen hergestellt.

Die Wittstocker Stadtmauer

Hauptanziehungspunkt ist die 1512 geweihte und mit einem wunderschönen Gewölbe ausgestattete Heiligengrabkapelle. Die Klostergründungslegende besagt, daß ein Jude das Sakrament aus der vormaligen Dorfkirche gestohlen habe. Als es ihm zu schwer wurde und er es deshalb vergraben wollte, begann es zu bluten. Aufgrund seiner blutbeschmierten Hände wurde der Frevler schließlich überführt und hingerichtet. Legenden dieser Art wurden im Mittelalter häufig als politisches Druckmittel gegen die Juden benutzt, um einen Sündenbock für die gesellschaftlichen Mißstände zu haben. (⏰ Führungen: Mo–Sa 10.30, 16, So 14, 16 Uhr; ☎ 03 39 62/5 02 74; Abendmusik Mai bis Sept. Sa 19 Uhr.)

Giebel der Heiligengrabkapelle

Pizza in der Kirche?

Viele der fast 2000 Dorfkirchen im Land Brandenburg befinden sich in einem äußerst maroden Zustand: eingeschlagene Fensterscheiben, klaffende Deckenlöcher und abgeblätterte Wandmalereien – so stellt sich das Bild des Jammers oft dar. Noch will sich die Landeskirche Berlin-Brandenburg von der Idee, flächendeckend vertreten zu sein, nicht lösen, doch so mancher Dorfpfarrer ist es leid. Kirche ist im Osten „out" – so mehren sich die Stimmen. Denn die meisten Brandenburger seien „U-Boot-Christen", weil sie nur an den Weihnachtsfeiertagen auftauchen.

Unkonventionelle Strategien gewinnen Raum, etwa die Kirchen für Lesungen, Theater- oder Diskoabende an Kommunen oder Privatpersonen zu verpachten oder auch komplett zu verkaufen. Und ein erstes Beispiel gibt es sogar schon: Ein Architekturbüro wählte sich das Gotteshaus von Wust bei Brandenburg/ Havel zum ganz individuellen Domizil. Vom Einzug einer Seifenfabrik, einer Pizzeria oder einem Supermarkt, wie schon aus Schottland, Italien und den Niederlanden bekannt, will man in Brandenburg vorerst allerdings noch nichts wissen …

Route 3

Das Ruppiner Land – Wo Fontane zu Hause war

*Neuruppin – Oranienburg – Fürstenberg/Havel – Rheinsberg (147 km)

Keiner beschrieb die Reize des Ruppiner Landes so eindrucksvoll und warmherzig wie Theodor Fontane in seinen „Wanderungen durch die Mark Brandenburg". Seinen Namen erhielt dieses Gebiet durch die Grafen von Ruppin, die bis 1524 die Gegend um Neuruppin regierten. Die leicht hügelige Landschaft, in der sich hie ein Wäldchen versteckt und da ein See ausbreitet, entstand vor rund 12 000 Jahren durch die Eiszeit, die bis zu 400 m dicke Gletschermassen von Skandinavien nach Süden schob.

Als die Gletscher schmolzen, ließen sie bis zu 120 m hohe Geröll- und Sandhügel zurück, in den Senken blieb das Wasser stehen und bildete die vielen ausgefransten Seen, Moore, Weiher und auch den Flußlauf des Rhin.

*Neuruppin (33 000 Einw.) wird oft als „Tor zum Ruppiner Land" bezeichnet. Besonders an Wochenenden ist es eines der beliebtesten Ausflugsziele der Berliner, denn seine unmittelbare Lage am ****Ruppiner See,** der mit 14 km der längste in der ganzen Mark Brandenburg ist, schafft eine zauberhafte Idylle. Vom *Schiffsanleger* an der Uferpromenade werden Schiffstouren angeboten und Ruderbötchen verliehen. Der gravierendste Einschnitt in der Geschichte des Ackerbürger- und Garnisonstädtchens war 1787 der große Stadtbrand, dem bis auf die backsteinerne *Klosterkirche* des 1246 gegründeten Dominikanerklosters unten am See fast alle 400 Bürgerhäuser, dazu 24

öffentliche Gebäude zum Opfer fielen. Doch noch im gleichen Jahr wurde dem königlich preußischen Baumeister Bernhard Matthias Brasch der komplette Wiederaufbau anvertraut, und so kommt es, daß die schachbrettartig angelegte Neuruppiner Altstadt zwar ein äußerst verfallenes, aber harmonisches frühklassizistisches Gesamtkunstwerk ist, bei dem Ausflügler und Denkmalschützer gleichermaßen ins Schwärmen geraten. Eines der ältesten Fachwerkhäuser aus dem Jahr 1491 ist das *Uphus* im Hof der ehemaligen *Hospitalkapelle St. Lazarus* (Siechenstr. 4). Neuruppin ist populär – nicht nur aufgrund des „Neuruppiner Bilderbogens" (s. S. 62), dessen farbenprächtige Exemplare im *Heimatmuseum* ausliegen (August-Bebel-Str. 14; ◷ Di–Fr 10–17, Sa/So 10–18 Uhr); sondern auch als Geburtsort der beiden Märker *Karl Friedrich Schinkel* und *Theodor Fontane.* Während der oberste Königlich-Preußische Baumeister mit einem *Standbild* auf dem Kirchplatz, nahe dem ehemaligen *Predigerwitwenhaus* in der Fischbänkenstraße 8 geehrt wird, wo er einen Teil seiner Kindheit verbrachte, wurde dem bedeutendsten deutschen Romancier des vorigen Jahrhunderts am Anfang der Karl-Marx-Straße ein volkstümliches *Denkmal* gesetzt, das den Wanderer durch die Mark Brandenburg bei der Rast zeigt. Die Eltern des kleinen Theodor besaßen hier in der Straße, auf Nummer 84, die *Löwen-Apotheke.* Eine interessante Schöpfung des Brasch-Nachfolgers Philipp Bernhard Berson ist die *Stadtkirche St. Marien.* Dieser Typus des quergestellten Kirchenschiffs mit dem Altar an der Langseite war in Brandenburg-Preußen während der Ära des Soldatenkönigs Friedrich Wilhelm I. beliebt, galt also schon bei seiner Einweihung 1804 als altmodisch. Den kleinen *Amalthea-* oder *Tempelgarten* hinter dem alten Stadtwall ließ sich Friedrich der Große, der als Kronprinz 1732 das Neuruppiner Regiment befehligte, von Georg Wenzeslaus von Knobelsdorff anlegen (◷ tgl. 10 bis

18 Uhr). In der später dazu-
gekommenen *Türkischen Villa* mit maurischer Decken-
gestaltung im orientalischen
Stil und einer schönen Som-
merterrasse soll bald wieder
ein Café eröffnen.

❶ **Fremdenverkehrsamt
Neuruppin,** August-Bebel-
Str. 15, 16816 Neuruppin,
☎ 📠 0 33 91/23 45.

🏨 **Zum alten Siechenhospi-
tal,** Siechenstr. 4, ☎ 📠 39 88 44.
Liebevoll rekonstruiertes putziges
Hotel in der historischen Altstadt
mit Restaurant. 💲
Altes Kasino, Seeufer 11/12, ☎ 30 59,
📠 35 86 84. Gediegenes kleines Hotel,
Restaurantterrasse mit Blick auf den
Ruppiner See. 💲

Blick auf den Ruppiner See

Storchennest in Linum

Am Nordzipfel des hügeligen Länd-
chens Bellin, einem Landflecken zwischen Havelländischem und Rhinluch,
liegt der Hauptort **Fehrbellin** (3000
Einw.). Den höchsten Punkt des Dorf-
angers ziert die 1867 nach Plänen von
Friedrich August Stüler erbaute *Stadtkirche,* die schon allein wegen ihres In-
nenraums mit dem offenen Dachstuhl
aus schlanken neugotischen Stützen
einen Besuch wert ist (Schlüssel im
Pfarrhaus nebenan). An die Schlacht
bei Fehrbellin vom 18. Juni 1675, in
der der Große Kurfürst die Schweden
besiegte und somit die „Churmark" von
den Besatzern befreite, erinnert das
Siegesdenkmal bei **Hakenberg,** 7 km
weiter südlich. Heinrich von Kleist ver-
arbeitete den Stoff 1810 in seinem Dra-
ma „Der Prinz von Homburg". Eine
Lindenallee führt zu dem von einer
Siegesgöttin bekrönten *Aussichtsturm,*
der von Kaiser Wilhelm II. 1902 eingeweiht wurde (🕐 ständig geöffnet).

Im Frühjahr, wenn die Weißstörche
aus Afrika nach Brandenburg zurück-
kehren, kann man – auch als Erwach-
sener – im Storchendorf **Linum** (755
Einw.) den Glauben an den Klapper-
storch wiedergewinnen. Dann nämlich
sind die großen Nester auf vielen

ROUTE 3

0 _____ 10 km

Schornsteinen rechts und links der Dorfstraße wieder bewohnt, und im Juli kann man die ersten Flugversuche der staksigen Jungvögel beobachten.

Mit dem „Storchenfest" am ersten Augustwochenende feiern die Linumer dieses Ereignis. Und noch eine ganz andere Besonderheit stammt aus Linum: Die wenigsten wissen, daß das Kindernachtgebet „Müde bin ich, geh' zur Ruh" von Luise Hensel, einer gebürtigen Linumerin, verfaßt wurde.

ⓜ ⓡ **Hotel–Restaurant Kremmer Luch,** Am Seeweg 4 a, 16766 Kremmen, ☏ 03 30 55/7 03 56, 🖷 7 04 43. Fachwerkhaus, malerisch am Wasser auf Pfählen erbaut; große Appartements mit Seeblick. Ⓢ

Der grüne Kachelofen im Stadtwappen von **Velten** (11 600 Einw.) erinnert an die lange Töpfertradition dieses Ortes, die mit der Entdeckung riesiger Vorkommen weißen Tons ihren Anfang nahm. Im 12. Jh. ließen sich hier Töpfer aus Veltheim bei Halberstadt nieder, und 1914 produzierten schließlich 34 Veltener Ofenfabriken fast jeden deutschen Kachelofen, samt Bau- und Zierkeramik. In der Dachetage der 1872 gegründeten Ofenfabrik A. Schmidt, Lehmann & Co. präsentiert das *Ofen- und Keramikmuseum* eine Sammlung

uriger Fotos aus diesen Zeiten (Wilhelmstr. 32; ◷ Mi–Fr 11–17, Sa/So 13 bis 17 Uhr). Bei einem Gang durch das Städtchen sieht man hin und wieder noch repräsentative „Töppervillen", die sich wohlhabende Ofenfabrikanten um die Jahrhundertwende erbauen ließen.

Durch die Keramikerin Hedwig Bollhagen hat sich das 2 km entfernte Dorf **Marwitz** (980 Einw.) in den letzten Jahren zu einem Mekka der Freunde des Kunstgewerbes entwickelt.

Autokarawanen strömen sonntags zu den *HB-Keramikwerkstätten,* wo seit 1934 nach den Vorlagen der 90 Jahre alten Dame Gebrauchsgeschirr in weiterentwickeltem Bauhaus-Design geformt, bemalt und gebrannt wird. In der *Verkaufsgalerie* werden auch Teller, Tassen, Vasen und Kannen zweiter Wahl zu günstigen Preisen angeboten (◷ Mi 9–17, Sa 10–14 Uhr; sonst klingeln).

Die *Bronzestatue* der Frau, die der 28 000-Einwohner-Stadt **Oranienburg** Ansehen und Namen gab, empfängt den Besucher gleich am Eingang des *Schlosses.* Es ist die niederländische Prinzessin Luise Henriette von Nassau-Oranien, die erste Gemahlin des Großen Kurfürsten. Sie ließ sich 1655 aus einem alten Jagdhaus ihres Mannes in dem vormaligen Ort Bötzow durch

Der Neuruppiner Bilderbogen

Eine Sammlung farbiger Blätter, welche die Welt in Kenntnis der neuesten Neuigkeiten setzten: Alltägliches, Skandalöses, Katastrophales gar, von Klatsch und Tratsch bis hin zum hochpolitischen Ereignis, und das alles für ein paar Pfennige – das war der „Neuruppiner Bilderbogen". Diesen „Comic des 19. Jhs." gab der Neuruppiner Verlag Gustav Kühn ab 1810 heraus. Bis 1937 wurden es insgesamt an die 22 000 verschiedene Bogen, manche in einer Auflage von 3 Mio. Stück – und somit ein echtes Massenmedium!

Auch Fontane las mit Leidenschaft: „Was ist der Ruf der Times gegen die zivilisatorische Aufgabe des Bilderbogens? [...] Die Times [...] gleicht dem hochkirchlichen Bischof, der Gustav Kühnsche Bilderbogen aber ist der Herrnhutsche Missionar, der überall vordringt." 1995 kaufte die Stadt Neuruppin zu ihrer bereits bestehenden Bilderbogen-Sammlung von einem Aschaffenburger Privatsammler 20 000 Originale dazu, und nun ist das Heimatmuseum (s. S. 60) das größte Bilderbogen-Zentrum Europas.

Johann Gregor Memhard und Michael Matthias Smids ein prunkvolles Barockschloß erbauen, das später mehrfach erweitert wurde, zuletzt durch Johann Friedrich Eosander zu einer französisierenden Anlage auf H-förmigem Grundriß. 1802 verkauften die Hohenzollern das Schloß an Friedlieb Ferdinand Runge, den Erfinder des für die Farbenindustrie wichtigen Stoffes Anilin, der hier seine chemische Farbfabrik einquartierte, über die sich auch der alte Fontane erschüttert äußerte: „Die Schwefeldämpfe ätzten und beizten den letzten Rest alter

Im Ofen- und Keramikmuseum in Velten

3

Herrlichkeit hinweg." Bei einer Schloßführung kann man das dennoch gut erhaltene Deckenrundbild im leider leeren Porzellankabinett besichtigen. (☉ Schloßführung im Museum anmelden, s. u.)

Seite 61

Anschließend bietet sich ein Spaziergang im *Schloßpark* an, der 1879 zu einem englischen Landschaftsgarten umgestaltet wurde. Nebenan im Amtshaus stellt das *Kreisheimatmuseum* seine Sammlung zur Stadtgeschichte und zur Binnenschiffahrt der Oranienburger Wasserwege aus (☉ Di–Sa 10–16, So 13 bis 16 Uhr).

Eine zweite Skulptur seitlich vom Schloß, die „Anklagende" von Fritz Cremer, bezieht sich auf das Konzentrationslager **Sachsenhausen,**

Neuruppiner Bilderbogen Nr. 8933

das die Nazis 1936 am nordöstlichen Stadtrand als erstes „Muster-KZ" auf deutschem Boden errichteten. Nach 1945 machten die Sowjets daraus ein Internierungslager für ihre Zwecke. *Gedenkstätte* und *Museum* belegen auf erschütternde Weise die brutale Terrorisierung und Massenermordung von insgesamt 200 000 Menschen vieler Nationalitäten. In der Regel wird zu jeder vollen Stunde ein Dokumentarfilm über das Todeslager gezeigt (☉ April bis Sept. Di bis So 8.30 bis

Schloß Oranienburg

17.30, Okt. bis März Di–So 8.30 bis 16 Uhr; ☎ 80 73 15).

❶ Touristik-Information Oranienburg, Stralsunder Str. 31, 16515 Oranienburg, ☎ 🖷 0 33 01/53 53 85.

🏠 **Gasthof Oranjehus,** Clara-Zetkin-Str. 31, ☎ 80 12 44, 🖷 80 12 46. Übernachtung zu erschwinglichen Preisen, Restaurant mit gutbürgerlicher Küche. Ⓢ

Von der Kreuzung an der B 96 zum *Ruppiner Tor,* kann man das sympathische Städtchen **Gransee** (5200 Einw.) entlang seiner Hauptstraße von West nach Ost durchqueren. Zwischendurch gibt es allerdings einige Sehenswürdigkeiten, die man nicht verpassen sollte: In der glühenden Sommerhitze des Juli 1810 nahm der Leichenzug mit dem Sarg der Königin Luise von Preußen auf dem Weg vom mecklenburgischen Hohenzieritz nach Berlin Nachtquartier in Gransee, und so wurde zur Erinnerung daran ein Jahr später auf dem Schinkelplatz Schinkels gußeisernes *Luisendenkmal* enthüllt. Ein kraftvolles gotisches Bauwerk ist die dreischiffige *St.-Marien-Kirche,* 1285 geweiht und erst im 15. Jh. vollendet. In den Kirchenfenstern finden sich Zunftzeichen der Schuhmacher, Weber, Schneider und Färber, die in der einstigen Hansestadt Gransee zu Wohlstand kamen, denn der Ort profitierte damals von seiner günstigen Lage an der Hansestraße zwischen Stralsund und Prag. Bei gelegentlichen Kirchenkonzerten erklingt eine Gransee Besonderheit: die original barocke Orgel mit einem 29-Register-Werk des Silberstein-Schülers Joachim Wagner aus Berlin.

Wer mag, kann im *Heimatmuseum* am Ruppiner Tor vorbeischauen und sich die Sammlung frühgeschichtlicher Funde und bürgerlichen Mobiliars ansehen (🕐 Di–Fr 10–17, Sa/So 10–16 Uhr). Als recht beschaulich erweist sich ein Spaziergang auf den begrünten *Wallgärten* entlang der mittelalterlichen *Feldsteinmauer.* Dabei kommt man auch am *Pulverturm* und der Rui-

Seite 61

Souvenir, Souvenir ...

Schöne einheimische *Gebrauchskeramik* kann man erstehen in der Verkaufsausstellung der Rheinsberger Carstens-Keramik, Rhinstraße, ☎ 03 39 31/20 03 (🕐 tgl. 10 bis 18 Uhr).

Mundgeblasenes Glas aus der Glasproduktion Zechliner Hütte verkauft die *Tourist-Information,* 16831 Zechliner Hütte, Rheinsberger Str. 14, ☎ 03 39 21/2 17 (🕐 Mo bis Sa 9.30–16 Uhr).

---

ne des *Franziskanerklosters* vorbei, das der Bettelorden hier im späten 13. Jh. gründete.

❶ Touristik-Information Gransee, Rudolf-Breitscheid-Str. 44 (im Heimatmuseum), 16775 Gransee, ☎ 0 33 06/2 16 06.

🏠 **Luisen-Café,** Schinkelplatz, ☎ 2 85 63. Reiche Auswahl an Tee- und Kaffeesorten und ein ganztägiges Frühstücksmenü für Spätaufsteher in angenehm unplüschiger Kulturtreff-Atmosphäre (🕐 Mo–Fr 10–19, Sa 10–12, 15–19, So 15–19 Uhr). Ⓢ

Fürstenberg/Havel (4800 Einw.) liegt auf drei Inseln zwischen dem Röblin-, Baalen- und Schwedtsee. Diese Kleinstadt, die seit dem 14. und 15. Jh. durch die Fehden zwischen brandenburgischen und mecklenburgischen Landesherrn ständig hin- und hergeworfen wurde und sogar bis 1952 noch zu Mecklenburg gehörte, wurde über Jahrhunderte von ihrer Lage in dieser Grenzregion geprägt. Auf der Hauptinsel des Ortes errichteten die Markgrafen von Brandenburg nach 1150 eine Burg als vorgeschobenen Stützpunkt gegen pommersche Slawenstämme. Während der Renaissance entstand hier die *Alte Burg,* in der das bescheidene *Heimatmuseum* seine Exponate zur Stadtgeschichte ausstellt (🕐 Mai bis Okt. Di 9–12, Do 14–17 Uhr).

Kaum eine andere brandenburgische Stadt litt nach 1945 so sehr unter der russischen Truppenpräsenz. Zeitweise waren hier 25 000 Soldaten kaserniert, so daß sich zwischen der etwas außerhalb gelegenen Festwiese und dem Zentrum praktisch zwei Stadthälften getrennt voneinander entwickelten. An der Ortsdurchfahrt Unter den Linden liegt die auffällige dreiflügelige *Schloßanlage,* die der

Im Konzentrationslager Sachsenhausen bei Oranienburg wurden 200 000 Menschen umgebracht

mecklenburgische Architekt Christoph Julius Löwe 1752 als Witwensitz für die Herzogin Dorothea Sophia erbaute und mit zierlichen Rokokoornamenten schmückte. 1913 machte man daraus ein Krankenhaus, in dem heute die Innere Mission ein Altenpflegeheim betreibt (keine Besichtigung). In der hochaufragenden, neubyzantinischen *Backsteinkirche* am Markt hängt ein 5 m langer Batik-Altarteppich von 1963.

Berühmtester Fürstenberger ist der Archäologe und Troja-Ausgräber Heinrich Schliemann, der von 1836 bis 1841 als Lehrling bei einem Krämer in der Brandenburger Straße 46 lebte. Wer nun aufs Wasser will, kann sich am *Jachthafen* hinter dem *Stadtpark* ein Bötchen leihen oder an der Dampferanlegestelle am Baalensee ein Schiff zur Seenrundfahrt besteigen.

Schinkels gußeisernes Luisendenkmal in Gransee

🛈 Touristik-Verband Kreis Oberhavel, Am Bahnhof, 16798 Fürstenberg, ☎ 🖷 03 30 93/3 22 54.

🏨 Hotel Haus an der Havel, Schliemannstr. 6, ☎ 3 90 69, 🖷 3 72 45. Restaurant, Bootsverleih und Tourenberatung in die Fürstenberger Seenlandschaft. Ⓢ

Einen schrecklichen Abschnitt der deutschen Vergangenheit ruft die *Mahn- und Gedenkstätte* im Ortsteil **Ravensbrück** ins Gedächtnis, wo die Nazis 1938 das größ-

Mahnmal am Schwedtsee von Fritz Cremer für das Frauenkonzentrationslager Ravensbrück

te deutsche Frauen-Konzentrationslager errichteten. In den Jahren bis zur Befreiung durch die Rote Armee am 30. April 1945 wurden 132 000 Frauen hierher verschleppt und Zehntausende ermordet, darunter Margarete Buber-Neumann, Rosa Thälmann sowie Familienangehörige der Widerstandskämpfer vom 20. Juli 1944 (○ Mai bis Sept. tgl. 8–18, Okt. bis April tgl. 8–17 Uhr; ☎ 03 30 93/3 83 70 oder 3 92 41).

Fürstenberg ist ein idealer Ausgangspunkt für Unternehmungen in die herrliche Wald- und Seenlandschaft der Umgebung, wie z. B. zum ehemaligen **Zisterzienserkloster Himmelpfort,** das sich Markgraf Albrecht III. von Brandenburg als Grablege erbauen ließ. Die Gründungslegende besagt, daß Klosterbruder Otto, als er im Jahr 1299 das Dörfchen auf einer Landzunge zwischen vier Seen erblickte, vollkommen entzückt „Coeli porta" (lat. für Himmelspforte) ausgerufen haben soll. Erhalten sind noch die efeuumrankte *Kirchenruine,* das *Brauhaus* und Reste der *Klostermauer.* Die Grabgewölbe unter der Kirchenempore bergen Mumien der Himmelpforter Gutsherrenfamilie von Trott (○ Führung: So nach dem Gottesdienst, ca. 10.45 Uhr).

△ **Recra Camping am Stolpsee,** 16798 Himmelpfort, ☎ 03 30 89/3 86 13.

Auf der Route Richtung Rheinsberg kommt man durch **Neuglobsow** (500 Einw.), gelegen am buchtenreichen *Großen Stechlin.* Der Name des mit sagenhaften 12 m Sichttiefe klarsten norddeutschen Sees ging als Titel des letzten Fontane-Romans um die Welt.

Für ein höchst reizvolles Domizil entschied sich Kronprinz Friedrich II., als er 1733 seinen Vater, den gestrengen Soldatenkönig, überreden konnte, ihm die alte frühdeutsche Burg derer von Bredow am Ausgang des Flüßchens Rhin aus dem Grienericksee zum *Schloß* in **Rheinsberg** (5500 Einw.) umzubauen. Bis zur Thronbesteigung 1740 verlebte Friedrich hier die schön-

sten Jahre seines Lebens, Flöte spielend und philosophierend – fernab von der väterlichen Fuchtel. Die kronprinzlichen Gemächer und Festsäle sind zu besichtigen. Außerdem erinnert die *Kurt-Tucholsky-Gedenkstätte* an den Ferienaufenthalt des Schriftstellers und seiner späteren Frau Else im Jahr 1912, der Tucholsky zu der weltbekannten Erzählung „Rheinsberg – Ein Bilderbuch für Verliebte" inspirierte (○ Mai bis Okt. 10–17, Nov. bis April 9 bis 16 Uhr).

Das *Kavaliershaus* ist seit 1993 Heimstatt der *Brandenburgischen Musikakademie.* Kulturelle Höhepunkte sind alljährlich die Rheinsberger Musiktage zu Pfingsten und die Kammeroper im herrlichen Schloßpark von Juli bis August, wo schon viele internationale Sängerkarrieren ihren Anfang nahmen. Die absichtlich unvollendete *Pyramide* im *Schloßpark* beherbergt das Grab des jüngeren Bruders Prinz Heinrich, dem Friedrich das Schloß später schenkte. Wer Schloß Rheinsberg vom Wasser aus genießen möchte, kann vom Bootsanleger am Ende der Seestraße zu einer Seerundfahrt aufbrechen und sich dort gleich noch beim „Fischer" mit einem saftigen Fischbrötchen eindecken.

❶ **Touristik-Information Rheinsberg,** Kavalierhaus am Markt, 16831 Rheinsberg, ☎ 🖷 03 39 31/20 59; auch Kartenreservierung für die Musikveranstaltungen.

Ⓗ **Deutsches Haus,** Seestr. 13, ☎ 🖷 3 90 59. Atrium-Hotel mit Restaurant. Ⓢ
Goldener Stern, Mühlenstr. 4, ☎ 🖷 21 79. Kleines Hotel im Altstadtkern, Restaurant mit deutscher und griechischer Küche. Ⓢ

Ⓡ **Ratskeller,** Markt 1, ☎ 22 64. Zu den Leckereien der gutbürgerlichen Küche, gehört ein feines Aalrauchsüppchen oder gebratener Havelzander mit Specksalat (○ tgl. 11–23 Uhr). Ⓢ
Zum jungen Fritz, Schloßstr. 8, ☎ 21 68. Bistro mit deftigen Kleinigkeiten (○ Di–So 8–23 Uhr). Ⓢ

Route 4

Die Uckermark –
In unberührter Natur

Prenzlau – ** Biosphärenreservat
Schorfheide–Chorin –
** Zisterzienserkloster Chorin –
Schwedt (190 km)

Die Uckermark ist der nordöstliche
Winkel des Landes Brandenburg
und hat ihren Namen von der Ucker,
die das Gebiet von Süden kommend
durch eine ausgedehnte Seenkette
gen Norden durchquert, bis sie beim
mecklenburg-vorpommerschen Städtchen Ueckermünde ins Oderhaff
fließt. Die Ucker wiederum ist nach
dem Slawenstamm der Ukranen
benannt, der hier ab 500 n. Chr.
siedelte. In der eiszeitlich geprägten
Landschaft mit viel Wald und über
300 Seen gehen ebene Sandböden in
sanft-hügelige Endmoränen über.

In touristischer Hinsicht steckt der
mit 54 Einwohnern pro Quadratkilometer sehr dünn besiedelte Landkreis
vielerorts noch in den Kinderschuhen.
Dafür gehört er zu den saubersten
Gebieten Deutschlands überhaupt.
Langzeituntersuchungen ergaben,
daß die Luft hier erheblich
geringer mit Schwefeldioxyd
belastet ist als anderswo.
Den schweren uckermärki-
schen Boden mit viel Lehm
kann die Sonne nur langsam
erwärmen, daher liegen die
Temperaturen hier meist um
drei Grad niedriger als im
Landesdurchschnitt.

Prenzlau (21 800 Einw.) befindet sich am nördlichen
Zipfel des 7 km langen und
als Landschaftsschutzgebiet
ausgewiesenen *Unterucker-*

Schloß Rheinsberg

Fischräucherei am Grienericksee

Badestelle am Unteruckersee

sees. Auffallend viele Schwäne bevölkern das Gewässer – kein Wunder, denn seitdem König Wilhelm I. von Preußen hier 1704 auf Schwanenjagd ging, ist der stolze weiße Vogel das Prenzlauer Wappentier. Die schilfbewachsenen Seeufer sind ein wichtiger Vogelbrutplatz, und in 19 m Tiefe krabbeln als Relikte der letzten Eiszeit sogar noch Kleinkrebse auf dem Grund. Zweimal mußte Prenzlau im Lauf seiner Geschichte wie Phönix aus der Asche auferstehen: Einmal nach den Verwüstungen während des Dreißigjährigen Krieges und zuletzt nach dem schweren Brand in den Apriltagen 1945, der 85 % der Stadt zerstörte. Geblieben sind die drei imposanten mittelalterlichen Stadttore an den Hauptzufahrtsstraßen, das *Schwedter,* das *Blindower* und das *Mitteltor,* sowie der *Pulverturm* am Stadtpark, der hier in einen Abschnitt der rekonstruierten Stadtmauer miteinbezogen ist.

Kirchenfans kommen in Prenzlau voll auf ihre Kosten, denn neben der *Dreifaltigkeitskirche* des einstigen Franziskanerordens (Klosterstraße), kann man sowohl der gotischen *Jakobikirche* (Friedrichstraße) als auch der *Sabinenkirche* an der *Uckerschleuse* einen Besuch abstatten.

Die 1945 bis auf ihre Umfassungsmauern abgebrannte und seit 1970 peu à peu wiederaufgebaute *Marienkirche* gilt den Kunsthistorikern als eines der bedeutendsten Werke der norddeutschen Backsteingotik. Besonders wertvoll ist der prächtige filigrane Maßwerkgiebel an der Ostwand. Im Kreuzgang und den wunderschönen Klausurräumen eines ehemaligen *Dominikanerklosters* aus dem 13./14. Jh. präsentiert das *Kulturhistorische Museum* eine umfangreiche Sammlung zur Kulturgeschichte der Uckermark, darunter auch den Fundus eines ehemaligen Nonnenklosters. Zu den besonderen Stücken zählen originale Zeichnungen, Stiche und Gemälde des 1737 in Prenzlau geborenen klassizistischen Landschaftsmalers und Goethe-

Freundes Philipp Hackert (☉ Mai bis Sept. Di–So 11–16, Okt. bis April Di–Fr 11–16, So 14–16 Uhr). Nahe dem Museum liegt die 1343 geweihte *Nikolaikirche.* Im Inneren birgt die imposante dreischiffige Backsteinhalle einen geschnitzten Renaissancealtar von 1609. Wer nun Erholung braucht, kann von den wilden Badestellen in den schilfbewachsenen Buchten hinter dem Kap abgesehen im naturbelassenen städtischen Seebad in die Fluten des Unteruckersees steigen und dazu noch einen Strandkorb mieten (☉ Mai bis Sept. tgl. 9–20 Uhr). Vom Schiffsanleger nebenan startet das Motorschiff Uckerschwan zu Seerundfahrten (🚢 Ende April bis Ende Okt.).

❶ **Fremdenverkehrsbüro Uckermark–Information,** Marktberg 19, 17291 Prenzlau, ☎ 📠 0 39 84/27 91.

Ⓗ **Parkhotel,** Grabowstr. 14, ☎ 85 40, 📠 85 41 31. Klassizistisches Haus mit Bar und Restaurant. Ⓢ
Hotel Overdieck, Baustr. 33, ☎ 📠 8 56 60. Komfortabler Neubau mit englischer Bierkneipe am Stadtpark. Ⓢ
Seehotel Huberhof, Dorfstr. 49, 17291 Seehausen, ☎ 📠 03 98 63/3 02. Fachwerkvilla 13 km südlich am Oberuckersee mit Restaurant. Ⓢ

Ⓡ **Restaurant Schützenhaus,** Grabowstr. 4, ☎ 21 30. Biergarten unter Kastanien (☉ tgl. ab 10.39 Uhr). Ⓢ

Wie aus dem Märchen wirkt das verschlafene *Schloß* in **Boitzenburg** (1500 Einw.), und in der Tat sucht die Treuhand seit der Wende nach einem interessierten Käufer für den jahrhundertelangen Stammsitz der Familie von Arnim, in dem sich zu DDR-Zeiten NVA-Offiziere erholen durften. Im *Landschaftspark,* den das preußische Gartengenie Lenné um 1840 anlegte, stehen sogar noch klassizistische Skulpturen des namhaften Berliner Bildhauers Johann Gottfried Schadow. In der ziemlich baufälligen *Kirche St. Marien auf dem Berge,* gleich am Ortseingang, befinden sich Epitaphien und Standbilder der von Arnims, deren bedeutendster Sproß, Georg Dietloff, im 16. Jh. das Amt des preußischen Staatsministers bekleidete (s. S. 91). Am Ufer der *Klosterteiche* liegt in höchst romantischer Szenerie die wasserbetriebene *Klostermühle* aus dem Jahr 1640. Nachdem der Müller Willi Witte hier 1978 die letzten fünf Tonnen Mischfutter gemahlen hatte, richtete er in leidenschaftlicher Kleinarbeit

Das Prenzlauer Mitteltor

ein originelles *Mühlenmuseum* her, in dem eine urgemütliche Küche und ein proper möbliertes Wohnzimmer zu begutachten sind (◷ Di–So 10–17 Uhr). Gleich nebenan kann man im „Wirtshaus zur Klostermühle" (Mühlenweg 5, ☎ 03 98 89/8 36; $) rustikal und gutbürgerlich speisen. In den Wiesen hinter der Mühle steht die *Backsteinruine* des 1280 erbauten *Zisterzienserinnenklosters*, dessen Bauweise stark am Kloster Chorin (s. S. 72) orientiert ist. In

Pfarrkirche in Boitzenburg

4

Seite **69**

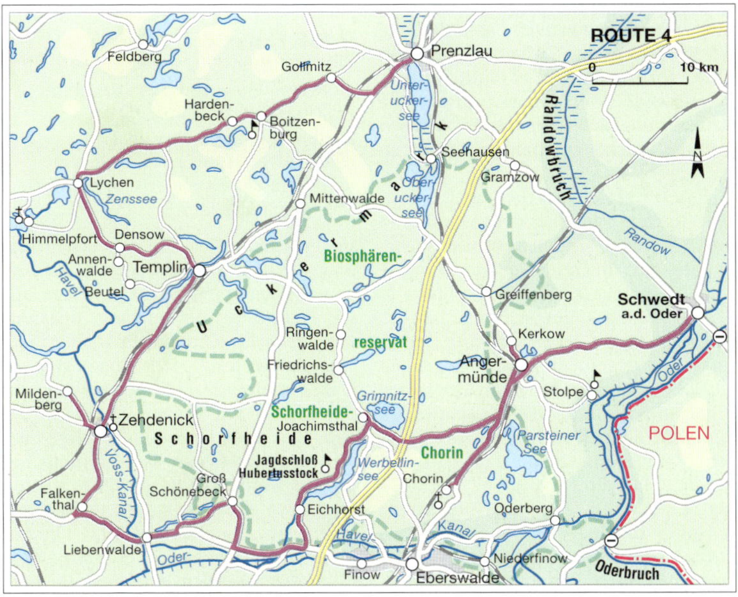

Boitzenburg hat die Forellenzucht eine über hundertjährige Tradition. Wer will, kann sein Glück am *Jackpot-Teich* versuchen – oder lieber gleich einen leckeren über Erlenholz geräucherten Aal erstehen.

Das Städtchen **Lychen** (3500 Einw.), zwischen dem Zenssee und dem Großen Lychensee, liegt schon mitten im *Naturpark Feldberg-Lychener-Seenlandschaft,* der so saubere Gewässer hat, daß sich hier selbst der absolut scheue Fischotter ansiedelte (geführte Wanderungen und Radtouren: Naturparkamt Serrahn, ☎ 03 98 21/2 02).

Die besterhaltene brandenburgische *Wehranlage* aus dem 14./15. Jh. mit einer 1735 m langen *Stadtmauer,* drei imposanten *Toren,* 50 *Mauertürmen* und halbrunden *Wiekhäusern* hat der staatlich anerkannte Erholungsort **★★ Templin** (13 800 Einw.) zu bieten. Seit ihrer Gründung lag die Stadt am Kreuzungspunkt der Handelsstraßen Hamburg–Magdeburg–Stettin und war deshalb ständig zwischen Brandenburgern, Mecklenburgern und Pommern heiß umkämpft. Doch 1746, mit dem Bau des *Finowkanals,* nahmen die fetten Zeiten der Zolleinnahmen ein Ende, der Handel verlief dann auf dem Wasserweg. Wer heute durch die schachbrettartigen Templiner Straßen mit den dicht aneinandergedrängten *Fachwerkhäusern* schlendert, gewinnt das Ackerbürgerstädtchen gleich lieb. Den letzten verheerenden Stadtbrand von 1735 überstanden außer der Wehranlage nur die gotische *St.-Georgen-Kapelle,* ein evangelisches Kirchlein, in dessen kreuzgewölbtem Innenraum eine Holzskulptur des hl. Georg zu Pferde im Kampf gegen den Drachen zu sehen ist. Im *Prenzlauer Tor* zeigt das *Volkskundemuseum* charakteristisches Arbeitsgerät der Templiner Bauern, Fischer und Handwerker aus dem 19. und 20. Jh. (◷ Di–Fr 9–12, 13–17, Sa/So 13 bis 17 Uhr). Eine Museums-Außenstelle ist im *Berliner Tor* untergebracht, wo einiges über den regionalen Landschafts- und Naturschutz zu erfahren

ist. Unterwegs kommt man an dem mit Linden umsäumten, kopfsteingepflasterten *Marktplatz* mit dem einfühlsam restaurierten barocken *Rathaus* vorbei. Von hier führt die Rühlstraße zum *Eulenturm.* Daß die Turmtür im Mittelalter in 6 m Höhe angebracht wurde, führt bei den heutigen Besuchern häufig zu verdutzten Gesichtern. Doch dies war kein Versehen, denn der Raum unterhalb der Tür diente als Gefängnis, und so konnte kein Gefangener entfliehen. Nach dem Brand im Jahr 1749 wurde die *Maria-Magdalena-Kirche* an der Martin-Luther-Straße durch die finanzielle Unterstützung Friedrichs des Großen wieder errichtet.

Im *Mühlentor* an der Schleusenbrücke über den Templiner See stellen die Mitglieder des Volkskunstvereins unter dem Thema „Alles selbstgemacht" alte Handwerkskünste wie Spinnen, Weben, Klöppeln und Kräuterkranzbinderei vor (◷ Mo bis Fr 9–16, Sa/So 14–16 Uhr).

❶ Templin-Information,
Im Akzisehaus, Obere Mühlenstr. 11, 17268 Templin, ☎ 0 39 87/26 31, 🖷 5 38 33.

Ⓗ **Zum Eichwerder,** Werderstr. 38, ☎ 5 27 00, 🖷 5 27 01. Kleines, modernes Hotel mit Restaurant im Zentrum der Altstadt. Ⓢ
Landhaus Laber, Uferweg 1, ☎🖷 64 41. Hotel mit Restaurant und Terrasse mit malerischem Blick über den Templiner See. Ⓢ

In einer reizvollen Seenlandschaft, die über Jahrhunderte durch den Aushub von sogenannten Tonrestlöchern für die Ziegelindustrie entstand, liegt das von der Havel durchflossene Städtchen **Zehdenick** (11 000 Einw.). Wer am *Havel-* und am *Treidelweg* entlangspaziert, kann den Schleusenvorgang auf dem *Vosskanal* beobachten, durch dessen Bau 1884 der Havelverlauf begradigt wurde. Die wegen ihres spitzen Bogens so genannte *Kamelbrücke* führt stadtauswärts in das von Bibern bevölkerte *Naturschutzgebiet Klienitz.* Zum Marktplatz mit dem *Rathaus* und wei-

4

Seite 69

ter zum *Berliner Tor,* dem letzten von ursprünglich drei Stadttoren, gelangt man über die klappbare *Dammhast-brücke.* Das ehemalige *Zisterzienserinnenkloster* am Park war im 13. Jh. aufgrund eines Hostienwunders ein bekannter Wallfahrtsort. Relativ gut erhalten ist ein Teil des nördlichen Kreuzgangs aus dem 14./15. Jh. Heute ist hier die *Klostergalerie* untergebracht, in der Wechselausstellungen von Künstlern aus dem Berlin-brandenburgischen Raum zu sehen sind und ab und zu Lesungen stattfinden (○ April bis Okt. Mi–So 14–17, Nov. bis März Di–Fr, So 14 bis 17 Uhr).

Die Templiner Stadtmauer ist 1735 m lang

Der **Museumspark Mildenberg** liegt 5 km nordwestlich von Zehdenick. Dieser einst größte Standort der europäischen Ziegelindustrie war noch bis zur Wende in Betrieb. Bei einer Fahrt über das Gelände mit der Werksbahn sind der große *Ringofen,* eine *Dampfmaschine* und drei *Häfen* zu besichtigen. Wer sich die Methoden des Tonabbaus in der Umgebung erklären lassen möchte, kann in der Schmalspur-Feldbahn Platz nehmen, die bis nach *Burgwall* fährt (○ wochentags nach Vereinbarung, Sa/So 10–18 Uhr; ☎ 0 33 07/ 31 02 87).

Der Marktplatz und das Rathaus von Templin

Zum Biosphärenreservat Schorfheide-Chorin (s. u.) gehört das Waldgebiet

** Biosphärenreservat Schorfheide–Chorin

1990 erklärte die UNESCO die Landschaft zwischen den Choriner Endmoränen im Süden und dem Templiner Seengebiet zum Biosphärenreservat Schorfheide-Chorin und verlieh ihm damit den gleichen Schutzstatus wie der afrikanischen Serengeti oder dem Yellowstone-Park (USA). Dieses zweitgrößte deutsche Schutzgebiet mit 1300 km² ist gegliedert in die vom Menschen völlig unberührte Kernzone, die nur auf bestimmten Wegen begehbare Pufferzone und die landwirtschaftlich genutzte Entwicklungszone.

In stiller, unberührter Natur brüten hier Seeadler und Schwarzstörche, nachts jagen Biber und Dachse durchs Dickicht, und über den Bächen und Seen flirrt der flinke blaue Eisvogel. Im Frühjahr blühen seltene Orchideen auf den Wiesen. Auf einem 480 km langen Wander- und Radwegesystem erschließt sich das Reservat. Auskunft über Führungstermine und den Veranstaltungskalender erteilt das Haus am Stadtsee in Eberswalde (☎ 0 33 34/ 21 20 35) oder das NABU-Infozentrum in Angermünde (☎ 03 31/2 60 40).

*Schorfheide, das schon alle Hohenzollernregenten zu bejagen beliebten. Nazigrößen und DDR-Obere machten es ihnen nach und bewohnten dabei gern das 1849 von König Friedrich Wilhelm IV. erbaute, leicht bayerisch anmutende *Jagdschloß Hubertusstock* am *Werbellinsee,* in dem das gleichnamige Hotel-Restaurant die Gäste ausgezeichnet bewirtet (☎ 03 33 63/5 00, 🖷 5 02 55, mit Sonnenterrasse, Fahrradverleih; ○ tgl. 11.30–22 Uhr; Ⓢ).

Der Name Schorfheide ist vermutlich eine Ableitung von „schorfen", was soviel wie „Eicheln sammeln" bedeutet. In den offenen Gehegen des *Wildparks Schorfheide* kann man sich an freilaufenden Wölfen, Elchen, Auerochsen, Mufflons und Urwildpferden erfreuen (an der B 109 bei Groß Schönebeck).

🏠 **Zum grünen Baum,** Dorfstr. 57, 17268 Ringenwalde, ☎ 03 98 81/3 77, 🖷 40 04. Netter Landgasthof im Fachwerkstil, 13 km nördlich Joachimsthal, mitten im Biosphärenreservat.

⚠ **Campingplatz Am Spring,** 16244 Eichhorst, ☎ 03 33 63/42 32.

Touristisch beliebtestes Ausflugsziel in der waldreichen, eiszeitlichen Grundmoränenlandschaft Chorin-Oderberg ist das ehemalige ****Zisterzienserkloster Chorin,** eines der ältesten und schönsten Bauwerke märkischer Backsteingotik vom Übergang des 13. zum 14. Jh. Erhalten ist die *Ruine der Klosterkirche* mit ihrer kunsthistorisch bedeutenden Westfassade sowie der *Kreuzgang* mit den Klausurräumen und dem Brüdersaal. Stets sehr früh ausgebucht sind die Klassikkonzerte des *Choriner Musiksommers* in lockerer Open-air-Atmosphäre der alten Klosterruine (○ tgl. April bis Okt. 9–18, Nov. bis März 9–16 Uhr; Kartenbestellung Mo–Fr 8–13 Uhr, ☎ 0 33 34/ 65 73 10 oder 03 33 66/2 06).

Der größte Trumpf der 1230 von den Markgrafen Johann I. und Otto III. gegründeten Stadt **Angermünde** (10 500 Einw.) ist der außergewöhnlich reizvolle und gut erhaltene Altstadtkern mit einer Reihe von barocken *Fachwerk- und Bürgerhäusern.* Eine Besichtigung beginnt man am besten am Bahnhof, denn von hier aus ist es nicht weit zu einem kleinen mittelalterlichen Kirchenbauwerk, der *Heiliggeistkapelle,* die ursprünglich zu einem Hospital gehörte. Am *Friedenspark* vorbei führt ein verbliebenes Mauerstück des 1270 gezogenen Stadtwalls zum wuchtigen *Pulverturm,* in dem das *Heimatmuseum* gelegentlich kleinere Einzelausstellungen organisiert (Schlüssel beim Fremdenverkehrsverein oder Heimatmuseum). Bei einer Besichtigung sollte man den Aufstieg auf den zinnenbewehrten Turmhelm nicht versäumen und einen Blick in das 6 m tiefe Kellerverlies riskieren, in dem früher die Munition eingelagert wurde. Seinen Hauptsitz hat das Museum derzeit noch in einem recht baufälligen Haus in der Brüderstraße 18, plant aber im Lauf des Jahres 1997 umzuziehen. Dann wird auch die große Sammlung mit den Schwerpunkten zur Ur- und Frühgeschichte und zur Alltagskultur des 19. und 20. Jhs. in der Uckermark wieder zu sehen sein (○ Mo–Fr 9–15.30 Uhr). Mitten auf dem Klosterplatz erhebt sich die leider ungenutzte *Franziskanerklosterkirche.* Während der Bauzeit von 1250 bis 1300 mußte die Ausführung dreimal geändert werden, denn die Stadtmauer stand sehr dicht am Kloster, und die Mönche hatten zeitweise zuwenig Platz. Architektonisches Juwel der Stadt ist die im 13. Jh. geweihte *St.-Marien-Kirche.* Das reiche barocke Schnitzwerk der 2000 Pfeifen großen Orgel des bekannten Orgelbauers Joachim Wagner ist eine Augenweide. In einem hübschen Fachwerkhaus an der Puschkinallee 10 befindet sich das *Literaturmuseum Ehm Welk.* Eine Ausstellung widmet sich dem im nahen *Biesenbrow* geborenen Journalisten und Schriftsteller, der in

Schönes Zeugnis märkischer Backsteingotik bietet die Westfassade der Klosterkirche Chorin

den 30er und 40er Jahren eine ganze Nation mit seinen schwungvoll-heiteren Dorfromanen „Die Heiden von Kummerow" und „Die Gerechten von Kummerow" amüsierte und auch heute noch lesen sich die Schilderungen einer typischen Bauerndorf-Atmosphäre mit viel Spaß (◷ Di, Mi, Do 9–12, 14–16, April bis Aug. auch So 14–17 Uhr).

❶ Fremdenverkehrsverein Angermünde, Brüderstr. 12, 16278 Angermünde, ☎ 0 33 31/3 22 68, 🖷 2 44 46.

Im **Reservat Blumenberger Mühle** im 4 km entfernten Ort *Kerkow* kann man in dem über 100 ha großen Terrain an geführten Wanderungen des Deutschen Naturschutzbundes teilnehmen und seltene Pflanzen und Tiere sehen, wie z. B. Fischadler, Seeadler oder Kraniche, die man sonst in freier Natur nicht so schnell zu Gesicht bekommt. Interessant ist das wie ein riesengroßer Baumstumpf aussehende Haupthaus mit Ausstellungsräumen und einer Cafeteria (NABU-Infozentrum Blumberger Mühle, Blumberger Mühle 2, 16278 Angermünde, ☎ 0 33 31/2 60 40, 🖷 26 40 50).

Der dickste **Bergfried** Deutschlands erhebt sich auf einer Hügelkuppe im Dorf *Stolpe,* 10 km östlich von Angermünde. Der als „Grützpott" bezeichnete Rundturm einer Burg aus dem 13. Jh. hat einen Durchmesser von 18 m und die unglaubliche Mauerstärke von 6 m. Er steht auf einem alten slawischen Burgwall und diente den Brandenburgern zur Verteidigung gegen eroberungslüsterne Pommern, Dänen und Mecklenburger.

Im Urstromtal der Oder liegt die Stadt **Schwedt** (49 000 Einw.), deren *Brücke über die Oder* Symbol der Verbindung zum polnischen Nachbarn wurde. Die starken Zerstörungen der Innenstadt, mit denen Schwedt den Zweiten Weltkrieg teuer bezahlte, zogen schnell errichtete Neubausiedlungen Marke Platte nach sich, denn nach 1945 avancierte die Stadt zu einem wichtigen Industriestandort der DDR. Die Nachfolge der damaligen Kombinate haben die Petrolchemie PCK-AG und die Erdölraffinerie angetreten, die das über eine Pipeline aus Rußland kommende Erdöl verarbeitet. Anstelle des *Kulturhauses* am Ende der zur sozialistischen Magistrale ausgebauten Lindenallee stand bis 1945 das Barockschloß Monplaisir, das sich der sogenannte Tolle Markgraf Friedrich Wilhelm, ein Seitensproß der Hohenzollernlinie, hatte bauen lassen. Wiederhergestellt wurde die nach ihrem Architekten auch *Berlischky-Pavillon* genannte ovale *Französische Kirche,* die hier 1777 für die zugewanderten Hugenotten entstand. Die *Uckermärkischen Bühnen* veranstalten hier Kammermusikabende und Lesungen (Karten: ☎ 0 33 32/53 80). Protestantisch ist die *St.-Katharinen-Kirche,* die mit ihrem verlorenen Spitzdach eher wie eine Festung wirkt. Die Juden, die in den vergangenen zwei Jahrhunderten einen relativ hohen Bevölkerungsanteil in Schwedt ausmachten, hatten bis zur Reichspogromnacht 1938 ihre Synagoge neben dem *Berliner Tor.* Geblieben ist allerdings nur das Ritualbad – die *Mikwe* –, der kleine Kuppelbau auf dem Grundstück der Gartenstraße 8. Den Spaziergang beschließt ein Besuch im *Ermelerspeicher,* einem gut restaurierten Tabakspeicher des Berliner Tabakgroßhändlers Ermeler, wo Künstler aus der Region ihre Werke in einer Galerie präsentieren (◷ Di–Fr 9–17, So 14–17 Uhr).

Schwedt ist Ausgangspunkt für Touren durch den **Nationalpark Unteres Odertal,** der sich von Stettin fast bis nach Bad Freienwalde entlang der Oder erstreckt. Über geführte Wanderungen, Kutschfahrten und Fahrradtouren durch die Flußauenlandschaft entlang der stellenweise 50 m hohen Deiche und die von Spätherbst bis Frühjahr überfluteten Naßpoldergebiete informiert die Nationalparkverwaltung.

❶ Nationalparkverwaltung Unteres Odertal, Bootsweg 1, 16303 Schwedt, ☎ 0 33 32/2 54 70, 🖷 25 47 33.

Route 5

Barnim, Oderbruch und Märkische Schweiz – Vom Wasserschloß zum Industriedenkmal

Bernau – Eberswalde – Bad Freienwalde – Fürstenwalde (160 km)

Die St.-Marien-Kirche von Angermünde aus dem 13. Jh.

Die Landschaftsbezeichnung Barnim, ein Höhenzug zwischen Eberswalder und Berliner Urstromtal, leitet sich – wieder einmal – aus dem slawischen „bara" ab, was soviel wie „sumpfiges Land" bedeutet. Nicht nur den Berlinern, die am Wochenende in die Natur hinauswollen, ist diese waldreiche, hügelige Landschaft mit einer Vielzahl zauberhafter Seen zum Inbegriff der Erholung geworden. Auch in der malerischen Märkischen Schweiz, Minialpen in einem Naturpark, ist die Eiszeit an allem schuld: Bis zu 130 m hohe bewaldete Anhöhen wechseln abrupt mit engen Talschluchten wie der Buckower Rinne, in denen einst das Schmelzwasser abfloß. Den östlichen Teil bildet die bis zur Trockenlegung im 18. Jh. unter Friedrich dem Großen ewig überschwemmte Tiefebene des Oderbruchs, das zum immergrünen Gemüsegarten Berlins avancierte.

1777 wurde in Schwedt für die Hugenotten diese Kirche erbaut

Am zweiten Juniwochenende feiert die Bevölkerung von **Bernau** (21 000 Einw.) alljährlich die *Hussiten-Festspiele*. Der historische Festumzug mit Marktbuden und Bänkelsängern erinnert an die erfolgreich abgewehrte Belagerung der böhmischen Hussiten, die nach dem Tod ihres Märtyrers Jan Hus 1432 in die Mark Brandenburg einbrachen. Nach einer Sage verschanzten sich die

Stadtmauer und Steinturm von Bernau

Bernauer hinter ihrer 8 m hohen *Stadt-mauer* und übergossen die fremden Krieger mit heißem Pech – und Bier. Wer außen auf den begrünten Wall-anlagen bzw. innen auf den gepflaster-ten Wehrgäßchen einen Spaziergang entlang der Stadtmauer unternimmt, kommt an dem früher als Gefängnis genutzten *Hungerturm* und dem als Munitionslager verwendeten *Pulver-turm* vorbei. Das *Heimatmuseum* hat im *Steintor* und im ehemaligen *Hen-kerhaus*, das tatsächlich der letzte Bernauer Scharfrichter bewohnte, gleich zwei Domizile. Ausgestellt sind eine mittelalterliche Waffensammlung, In-strumente zur Hexenverfolgung und Exponate, die an die Bernauer Tuch-macherei des 14.–19. Jhs. und vor al-lem die Bierbrauerei erinnern, denn bis ins 17. Jh. war Bernau für das leckerste Bier der ganzen Mark bekannt. (🕐 Di bis Fr 9–12, 14–17, Sa/So 10–13, 14 bis 17 Uhr, Steintor nur Mai bis Okt.)

Im quadratisch angelegten Straßen-geviert finden sich wenig attraktive Plattenbauten aus den Siebzigern. Das klassizistische *Rathaus* auf dem *Markt-platz* entstand 1805. Die *St.-Marien-Kirche* vis-à-vis ist eine der am reich-sten ausgestatteten Kirchen der Region. Zu den bedeutendsten Arbeiten der weiträumigen Backsteinhalle gehören die spätgotischen Schnitzfiguren des Hochaltars mit Tafelmalereien aus dem Umkreis von Lucas Cranach d. Ä.

Bernau ist ein idealer Standort für Aus-flüge in die Umgebung der Wald- und Seenlandschaft des Barnim. Einen Ab-stecher wert ist das als SED-Bonzen-siedlung berühmt gewordene **Wandlitz** (3000 Einw.) zwischen dem ✱ *Wandlitz-* und dem *Liepnitzsee*. Seitdem sich eine moderne Reha-Klinik auf dem ehema-ligen SED-Gelände etabliert hat, konn-te der Ort sein graues Politbüro-Image abstreifen. Durch seine herrliche Lage ist er zu einem beliebten Berliner Aus-flugsziel geworden. In einer ausgedien-ten DDR-Milchannahmestelle zeigt das *Heimatmuseum* Zinnfiguren-Dioramen aus der Wandlitzer Stadtgeschichte

(Breitscheidstr. 22; 🕐 s. u.). Gegenüber hat das größte *Agrarmuseum* des Lan-des sein Domizil. Auf über 2000 m² Ausstellungsfläche wird technisches und hauswirtschaftliches Gerät aus der märkischen Landwirtschaft von 1800 bis heute präsentiert (beide Museen: 🕐 Di–Fr 9–16.30, April bis Okt. auch Sa/So 10–17 Uhr).

❶ Fremdenverkehrsamt Bernau, Marktplatz 1, 16321 Bernau, ☎ 0 33 38/36 53 88, 📠 87 36.

🏨 **Hotel Kaisergarten,** Breitscheid-str. 32, 16321 Bernau ☎ 3 63 64, 📠 36 34 66. Neuerbautes Dreisterne-haus direkt an der Stadtmauer. 💲

Wandlitzsee Appartements, Stolzenhagener Chaussee 22–24, 16348 Wandlitz, ☎ 03 33 97/73 50, 📠 73 59 10. Sehr schöne neuerbaute Appartementhäuser mit Sauna und Radverleih, ideal mit kleinen Kindern. 💲

Jugendherberge Wandlitz, Prenzlauer Chaussee 146, 16348 Wandlitz, ☎ 📠 03 33 97/2 21 09.

⚠ **Feriencenter Stolzenhagener See,** 16348 Stolzenhagen, ☎ 03 33 97/2 15 16.

🍴 **Ritter zur Linde,** Weesower Str. 3, 16356 Schönfeld, ☎ 03 33 98/3 81. Märkische Kost des Berliner Spitzen-gastronomen Siegfried Rockendorf zu annehmbaren Preisen. 💲💲

Die Kreisstadt **Eberswalde** (50 000 Einw.) macht ihrem Namen alle Ehre: Sie ist von Wäldern umgeben, und die Eber tummeln sich im Zoo (🕐 tgl. 9 Uhr bis Dämmerung). Die Tiere haben Tradition: Das *Stadt- und Kreismu-seum* bewahrt das älteste Eberswalder Stadtsiegel von 1276, auf dem sich be-reits zwei Eber unter der guten alten Eiche beschnuppern, überflogen vom brandenburgischen Adler (Kirchstr. 8; 🕐 Di–Fr 8–12, 14–17, So 14–17 Uhr). Als die Berliner Forstakademie 1830 nach Eberswalde verlegt wurde, ließ ihr erster Direktor einen *Forstbotanischen Lehrgarten* anlegen. Mittlerweile wurde die Anlage erheblich erweitert und besteht nun aus einem 20 ha großen Kleinbestandaboretum sowie einem Solitärarboretum von 8 ha – mit einem Heckengarten, einem Kräutergarten und einem Afrikanum – in dem insgesamt etwa 1100 Gehölze aus aller Welt gedeihen. Sogar ein Urweltmammutbaum wächst hier in den Himmel! (Schwappach Weg; ◷ April bis Okt. tgl. 9–18, Nov. bis März tgl. 9–16 Uhr; Führungen: ☎ 0 33 34/2 21 93). Den geschichtlichen Hintergrund zur Entwicklung der Forstwissenschaften in Preußen ab 1795 bekommt man in der Alten Forstakademie erklärt; neben der Fachhochschule ist hier nämlich das *Museum zur Geschichte der forstlichen Lehre und Forschung* beheimatet (Schicklerstr. 3–5; ◷ Mo–Fr 9–16 Uhr). Gleich nebenan hat das *Deutsche Entomologische Institut* sein Domizil. Eine kleine, recht spannende Ausstellung

Reich ausgestattet ist die St.-Marien-Kirche in Bernau

ROUTE 5

5

Seite 77

zeigt lebende und präparierte Insekten (◷ Mi 14–18, So 14–17 Uhr). Rund um den *Markt* gruppieren sich u. a. die historische *Löwenapotheke* von 1738 und das *Neorenaissancerathaus.* Oberhalb erhebt sich die *Kirche St. Maria Magdalena,* ein schönes Beispiel märkischer Backsteingotik. Der Figurenschmuck am Portalgewände zeigt Szenen aus dem Alten und Neuen Testament. Die *Adlerapotheke* (Ecke Steinstraße/An der Friedensbrücke) aus dem Jahr 1623 ist das älteste Haus in Eberswalde. Nach Abschluß der Renovierung des denkmalgeschützten Gebäudes soll hier das Stadt- und Kreismuseum einziehen.

Eberswalde ist von einem kompliziert verzweigten Wassernetz umgeben. In **Niederfinow** (630 Einw.), wo der bereits 1620 angelegte *Finowkanal* etwa 15 km östlich von Eberswalde auf den *Oder-Havel-Kanal* trifft, entstand 1934 eines der größten europäischen **★★ Schiffshebewerke.** Mit seiner Länge von 94 m, einer Höhe von 60 m und einer Breite von 27 m galt es schon während seiner Bauzeit als Meisterleistung der Verkehrstechnik. Noch immer voll funktionstüchtig schleust der imponierende Blaustahl-Fahrstuhl die Schiffe in nur fünf Minuten von null auf 36 m Höhe. Vom Eberswalder *Stadtbollwerk* aus kann man einen dreieinhalbstündigen Schiffsausflug auf dem *Oder-Havel-Kanal* unternehmen und selbst miterleben, wie das Schiffshebewerk funktioniert (❶ Fremdenverkehrs-Information: ☎ 0 33 34/2 31 68).

Als 1683 in **Bad Freienwalde** (11 000 Einw.) eisenhaltige Heilquellen entdeckt wurden, förderte Friedrich Wilhelm, der Große Kurfürst, die Entwicklung zum Badeort, und um die Jahrhundertwende ließ sich halb Berlin in diesem Gesundbrunnen auskurieren. Seit 1994 gewinnt die *Fachklinik für Orthopädie und Rheumatologie* das Schwefelmoor aus der Umgebung der Stadt, um es nach den Behandlungen wieder der Natur zuzuführen. Das sogenannte *Landhaus* am *Kurpark,* ein klassizistisches Logierhaus für – ehe-

mals – adelige Badegäste, stammt von Carl Gotthard Langhans, dem Erbauer des Brandenburger Tores in Berlin. Das *Schloß,* das sehr idyllisch oberhalb der Stadt auf dem Apothekerberg in einem von Lenné gestalteten *Park* liegt, hatte die frisch verwitwete Preußenkönigin Friedrike Luise 1799 bei David Gilly d. Ä. in Auftrag gegeben. Im Obergeschoß zeigt eine Ausstellung persönliche Gegenstände und Dokumente Walther Rathenaus. Der Industrielle und Außenminister der Weimarer Republik war von 1909 bis zu seiner Ermordung durch die Münchener Geheimorganisation „Consul" im Jahr 1922 Besitzer dieses Anwesens (◷ Mi bis Fr 9–12, 14–17, Sa/So 13–17 Uhr. Schloßcafé mit Sonnenterrasse tgl. 11.30–23 Uhr; ⑤). Die barocke *Georgenkirche* aus Fachwerk wird als Ausstellungs- und Konzerthalle genutzt. Um den Markt gruppieren sich die frühgotische *Nikolaikirche* sowie das nach einer Adelsfamilie benannte, gediegene *Freihaus von Uchtenhagen,* in dem gegenwärtig das *Oderlandmuseum* untergebracht ist. Hier stellt sich die Kulturgeschichte der Region vor; Hauptgewicht liegt auf der Trockenlegung des Oderbruchs durch Deich- und Kanalbauten in der Ära Friedrichs des Großen (◷ Di–Fr 9–17, Sa/So 13 bis 17 Uhr).

Südlich von Bad Freienwalde beginnt die Oderbruchrandstraße (B 167), ein uralter mittelalterlicher Handelsweg, der parallel zur Alten Oder bis nach *Seelow* führt und den Westrand des Oderbruchs markiert. Typisch für das Oderbruch sind seine Weiden und das traditionelle Handwerk der Korbflechterei. Bei den Handwerkeraktionstagen im **Freilichtmuseum Altranft** demonstrieren die Korbflechter zusammen mit Töpfern, Spinnern, Webern, Schmieden und Seilern ihre Kunst (◷ Mai bis Sept. jeweils letzter So im Monat).

❶ Tourist-Information Oderbruch,
Bahnhofstraße, Im Wasserturm,
16269 Wriezen, ☎ 03 34 56/35 23 44,
🖷 21 47.

5

Seite
77

Die *Oderbruchrandstraße* streift zahlreiche Dörfer, die Friedrich der Große im 18. Jh. für Kolonisten aus der Pfalz, Schwaben und Polen gründen ließ – sie alle tragen deshalb die Vorsilbe „Neu" im Ortsnamen.

Eine Ausnahme stellt das sympathische **Neuhardenberg** (3400 Einw.) dar, das der preußische Staatskanzler Carl August von Hardenberg 1814 erwarb und höchstpersönlich so taufte. Der zu DDR-Zeiten „Marxwalde" genannte Ort besitzt ein Ensemble aus einem älteren *Angerdorf* und ein klassizistisches * *Schloß* mit *Kirche,* das der 20jährige Karl Friedrich Schinkel erbaute. Den *Landschaftspark* gestaltete Peter Joseph Lenné. Ab Herbst 1943 diente das Schloß den Hitler-Attentätern vom 20. Juli um Graf Stauffenberg mehrfach als geheimer Treffpunkt. Eine internationale Begegnungsstätte soll nun hier eingerichtet werden.

🏨 **Parkhotel Schloß Wulkow,**
15320 Wulkow, Hauptstraße,
☎ 03 34 76/5 80, 📠 5 84 44.
Prachtbau mit eleganten Sälen, märkisch-experimenteller Küche und ausgezeichneter Weinkarte. Ⓢ〉〉

Nur 10 km weiter südlich wartet das **Wasserschloß Gusow,** dessen schöne Lage in einem englischen Landschaftspark schon Fontane so sehr schätzte, daß er seinen ersten Roman „Vor dem Sturm" dort spielen ließ. Nach wechselvoller Geschichte hat der neue Eigentümer hier ein *Zinnfigurenmuseum* eingerichtet, u. a. mit eindrucksvollen Dioramen der Völkerschlachten bei Leipzig, Fehrbellin und Waterloo (🕐 April bis Sept. Di–So 10 bis 18, Okt. bis März Di–Fr 10–17, Sa/So 10 bis 18 Uhr). Während der Öffnungszeiten sorgt das Schloßcafé-Restaurant fürs Kulinarische (Ⓢ).

Die letzte Schlacht des Zweiten Weltkriegs, die 33 000 Rotarmisten und 12 000 Wehrmachtsangehörige das Leben kostete, fand am 18. April 1945 bei **Seelow** (5100 Einw.) statt. Daran erinnert die *Gedenkstätte/Museum See-*

Wenn die Hüllen fallen...

Besonders beliebt bei FKK-Anhängern sind die drei Gewässer *Mittelprendener-, Eiserbuder-* und *Bukkowsee* nordöstlich von Wandlitz in einem idyllischen Landschaftsschutzgebiet bei *Prenden.* Alle Seen locken mit kristallklarem Wasser; die Ufer sind flach und leicht begehbar.

36 m Höhenunterschied überwinden die Schiffe im Schiffshebewerk Niederfinow

Fontanes erster Roman „Vor dem Sturm" spielt in dem Wasserschloß Gusow

5

Seite **77**

lower Höhen u. a. mit einem abschreckenden T34-Panzer, Feldkanonen und Granatwerfern. Auf Wunsch werden auch alte Propagandafilme von der „Befreiung Berlins" vorgeführt, welche die Heldentaten der „ruhmreichen Sowjetarmee" demonstrieren (🕐 Di–So 9–16.30 Uhr).

Gegen Ende des letzten Jahrhunderts begannen die nach Erholung heischenden Berliner die Ministadt **∗ Buckow** (1800 Einw.) im Herzen der *Märkischen Schweiz* für sich zu erobern, und bereits in den 20er Jahren war Buckow ein beliebter Luft- und Badekurort mit vielen schönen Villen. Sogar Friedrich Wilhelm IV. gehorchte seinem Leibarzt, der ihm 1854 riet: „Majestät, in Buckow geht die Lunge auf Samt!"

Ein anderer, der sich ebenfalls ausruhen, aber auch ungestört arbeiten wollte, war Bert Brecht, der 1952 zusammen mit Helene Weigel die sogenannte *Eiserne Villa* am Ostufer des glasklaren *Schermützelsees* pachtete und in der gesunden Luft der Märkischen Schweiz drei schaffensreiche Sommer verlebte, in denen er u. a. die „Buckower Elegien" verfaßte.

Seit 1977 präsentiert hier das *Literaturmuseum* die originale Einrichtung des Künstlerehepaars. Außerdem werden Lesungen, Diskussionen und Theateraufführungen organisiert. Highlights der Ausstellung sind die Kostüme der Weigel aus der Uraufführung der „Mutter Courage" im Jahr 1949. Und im Bootsschuppen steht sogar noch der alte Planwagen aus dieser Vorstellung (🕐 Mi–Do, Fr 13–17, Sa/So 13 bis 18 Uhr).

❶ Fremdenverkehrsamt Buckow, Wriezener Str. 1 a, 15377 Buckow, ☎ 03 34 33/5 75 00, 📠 6 59 20.

Jugendherberge Buckow, Berliner Str. 36, 15377 Buckow, ☎ 📠 2 86.

🏠 **Restaurant Fischerkehle,** Fischerberg 7, ☎ 3 74. Riesige idyllische Terrasse mit Blick über den Schermützelsee (🕐 tgl. 11–22 Uhr). Ⓢ

🏠 **Hotel–Restaurant Bergschlößchen,** Königstr. 38, ☎ 5 73 12, 📠 5 74 12. Ruhig und mit schöner Aussicht auf die Stadt gelegen. Wintergarten-Restaurant. Zünftige Grillparties auf der Freiterrasse. Ⓢ

Am Übergang zwischen Märkischer Schweiz und dem Beeskow-Storkower Land der nördlichen Niederlausitz liegt die Spreestadt **Fürstenwalde** (33 500 Einw.). Seit der Wende drehen sich hier unentwegt die Baukräne, um die vielen Lücken der im Zweiten Weltkrieg zu 90 % zerstörten Altstadt wieder zu schließen. Bedeutendstes Bauwerk ist der *Dom St. Marien,* der seit dem Reformationstag 1995 wieder in neuem Glanz erstrahlt. 1385 wurde die Kirche zum Bischofssitz erhoben; 1432 zündeten die Hussiten den Dom an, da Bischof Johann IV. einer der Hauptankläger gegen den als Ketzer verbrannten tschechischen Kirchenreformer Jan Hus war. Den Rest erledigten 1945 russische Granaten. Einen Blick wert ist auch der schöne Zierrippengiebel des benachbarten spätgotischen *Rathauses* und die Geschiebesammlung (von Eiszeitgletschern mitgeführte Gesteine) im *Heimatmuseum* (🕐 Di–Fr, So 9–12, 13 bis 16, Sa 13–17 Uhr).

Die Geschichte der ersten industriellen Kalksteingewinnung in Deutschland ist das Thema des **Museumsparks Baustoffindustrie Rüdersdorf.** Vor 250 Mio. Jahren lagerte das Meer Kalkmassen ab, die durch Salze angehoben und durch die Eiszeit freigelegt wurden. Von 1802 bis 1877 brannten die sogenannten Rumford-Öfen den Kalk, aus dem Berlin erbaut ist, später abgelöst von den etwa zehnmal effizienteren Schachtöfen. 1967 wurde ein modernes Kalkwerk errichtet, das bis heute in Betrieb ist und nach der Wende von dem englischen Transportbetonunternehmen Ready mix übernommen wurde (Eingang Heinitzstr. 11; geologische oder historische Führungen: 🕐 April bis Okt. Mo–Fr nach Anmeldung, Sa/So 10, 11, 14 Uhr, Nov. bis März nach Anmeldung, ☎ 03 36 38/76 50).

Seite
77

Route 6

Niederlausitz mit Spreewald – Zu Wasser und zu Lande

** Spreewald – * Lübben – * Lehde – Luckau (110 km)

Nähert man sich von Norden kommend der Niederlausitz, stellt man fest, daß die Landschaft sich erheblich verändert: Die saftig-grünen Hügel erinnern schon sehr an Sachsen oder Böhmen. Und selbst die Kirchtürme scheinen das Spiel mit-zumachen, denn anstelle der strengen nordischen Spitzen überragen nun geschweifte Zwiebel- und Glocken-türme die Dörfer. Kein Wunder, denn im frühen Mittelalter gehörte das Markgrafentum der Lausitz zum Herrscherhaus der Wettiner und fiel im 14. Jh. an Böhmen, bevor es 1635 wieder an das Kurfürstentum Sachsen ging. Erst durch den Wiener Kongreß gelangte die Niederlausitz 1815 schließlich an Preußen.

Ein Teil der Niederlausitz (sorbisch Luciza = Sumpfland) ist der Spree-wald – ein Paradies für ausgedehnte Kahnfahrten und daher von poetisch veranlagten Menschen oft mit der Lagunenstadt Venedig verglichen.

Diese Niederungslandschaft zwischen Neu Lübbenau und Cottbus ist ein 75 km langes und nur 15 km breites Labyrinth zahlloser breiterer und schmälerer Fließe, wie man die Nebenarme der Spree hier nennt. Um die Vielfalt der Flora und Fauna besser schützen zu können, erklärte die UNESCO diese in Europa einzig-artige Kulturlandschaft 1991 zum Biosphärenreservat. Jedes Jahr kommen an die 2 Mio. Besucher, die sich von einem Gondoliere in einem

In der Eisernen Villa verfaßte Brecht die „Buckower Elegien"

6

Seite **83**

Schermützelsee

In Rüdersdorf beschäftigt man sich mit der Geschichte der Kalksteingewinnung

der traditionellen, flachen Holzkähne unter schattigen Bäumen auf dem Wasser gemächlich dahinstaken lassen wollen – oder lieber selbst ihre Armmuskeln trainieren, denn ein Paddelboot ist überall schnell gemietet. Und nicht zuletzt: Aus dem Boot direkt an den Tisch – das ist nur im schönen Spreewald möglich, denn hier gibt es auf Fischgerichte und Lausitzer Küche spezialisierte Gaststätten mit Biergärten, die nur vom Wasser aus zu erreichen sind.

Den Übergang zwischen **Ober- und Unterspreewald* markiert die *Hauptschleuse* in *Lübben* (15 000 Einw.). An Schönwetter-Wochenenden starten die Holzkähne vom *Kahnfährhafen* in alle Himmelsrichtungen. Besonders im September, wenn die Lübbener ihr *Spreewaldfest* mit einem farbenprächtigen Kahnkorso feiern, ist hier mächtig was los.

Nach dem bedeutendsten Sohn der Stadt, dem nach Luther wichtigsten evangelischen Kirchenliederdichter *Paul Gerhardt,* ist die *Kirche* am *Markt* benannt. Da Gerhardt hier von 1669–1676 als Erzdiakon wirkte, hat man ihm vor der Kirche ein *Bronzedenkmal* gesetzt. Eines der bekanntesten Lieder dieses lebensbejahenden wie frommen Mannes ist „Geh' aus, mein Herz, und suche Freud". Schon zu Gerhardts Lebzeiten stand das imposante *Schloß*, das 1914 von dem Darmstädter Architekten Adolf Zeller mit Renaissanceelementen verziert wurde. Brautleute können sich hier heute im Eheschließungszimmer das Jawort geben. Im Obergeschoß liegt der festliche Wappensaal, der an den Längswänden mit allen Wappen der Niederlausitz geschmückt ist (🕐 Di–So 10–17 Uhr).

Von Lübben empfiehlt sich ein Ausflug nach **Straupitz,** wo eine für die 1300-köpfige Gemeinde erstaunlich stattliche, in zartgelb restaurierte *Schinkelkirche* von 1832 mit einer weithin sichtbaren Doppelturmanlage zu besichtigen ist.

❶ **Fremdenverkehrsverband Lübben, Spreewald und Umgebung,** Lindenstr. 14, 15907 Lübben, ☏ 0 35 46/30 90, 24 33, 🖷 25 43.

🏨 **Spreewald-Hotel Stephan's Hof,** Berliner Chaussee 1, ☏ 0 35 46/2 72 10, 🖷 27 21 60. Neu erbautes Haus, alle Zimmer mit Balkon, behindertengerecht; Restaurant, eigene Kahnablegestelle, Rad- und Bootsverleih. Ⓢ

🍴 **Historischer Weinkeller,** Damm 14, Im Schloßturm, ☏ 40 78. Gute Weine in altem Gemäuer (🕐 Di–So 12–23 Uhr). Ⓢ

Der Spreewaldtourismus kam 1882 erst so richtig in Gang, als ein Lübbenauer Lehrer begann, Tagesausflüge für ganze Gesellschaften erlebnishungriger Berliner nach **Lübbenau* (19 000 Einw.) zu organisieren. Heute ist die Stadt Zentrum des Oberspreewalds und wird gern als Ausgangspunkt für Kahnfahrten in die Natur genutzt. Es lohnt aber auch, sich den alten Stadtkern mit den netten kleinen *Bürgerhäusern* und der *St.-Nikolai-Kirche* zu Fuß anzuschauen. Wo einst ein altes Renaissanceschloß stand, ließ sich das Grafengeschlecht Lynar von dem Leipziger Universitätsbaumeister Karl August Benjamin Siegel ein klassizistisches *Schloß* errichten. Da die Nazis Wilhelm Friedrich Graf zu Lynar die Beteiligung am Hitler-Attentat des 20. Juli 1944 nachweisen konnten, wurde die Familie enteignet, ist aber heute wieder im Besitz des Anwesens und hat ein attraktives Schloßhotel daraus gemacht (s. rechts).

Im *Schloßpark,* der 1817 von einem Schüler des Fürsten Pückler zum englischen Landschaftsgarten umgestaltet wurde, finden sich die *Orangerie* mit wechselnden Kunstausstellungen und das *Spreewaldmuseum,* das eine bunte Schausammlung mit Trachten, dazu Porzellan, Gläser und Gemälde zeigt. Eine echte Attraktion ist die in einer Halle hinter dem Museum verwahrte „*Bimmelguste*". Die kleine Schmalspurbahn, die ab 1897 die Spreewäldler 70 Jahre lang zwischen Cottbus und Lübben hin und her kutschierte, soll in nächster Zeit wieder flottgemacht werden (🕐 April bis Okt. tgl. 10–18 Uhr). Wer eine Kahnfahrt unternehmen möchte, kann sich am *Fährhafen* einschiffen (s. u.).

❶ Fremdenverkehrsamt Lübbenau und Umgebung, Ehm-Welk-Str. 15, 03222 Lübbenau, ☎ 0 35 42/36 68, 🖷 4 67 70.

🚤 **Genossenschaft der Kahnfährleute Lübbenau,** Dammstr. 76, ☎🖷 22 25. Organisation von Kahnfahrten für größere Gesellschaften. **Lübbenauer Bootshaus Kaupen,** Kaupen 1, ☎ 27 50, oder **Bootsverleih Hannemann,** Am Wasser 1, ☎ 23 18: Verleih von Paddelbooten.

🏨 **Schloßhotel Lübbenau,** Schloßbezirk 6, ☎ 87 30, 🖷 87 36 66. Am schönsten ist die Terrasse zum Schloßgarten; Restaurant. ⑤ **Spreewaldeck,** Dammstr. 1, ☎ 8 90 10, 🖷 89 01 10. Neuerbautes Hotel mit Restaurant. ⑤

⚠ **Campingplatz „Am Schloßpark",** ☎ 35 33.

🏨 **Strubel's Restaurant,** Dammstr. 3, ☎ 27 98. Fischplatte nach Spreewälder Art, leckerer hausgebackener Kuchen und Reiseproviant im Bistro (🕐 tgl. 11–22 Uhr). ⑤

Wegen seiner schilfgedeckten Bauerngehöfte und den hölzernen Brücken zwischen den vielen Inselchen steht das typische Spreewalddorf **✶Lehde** unter Denkmalschutz. Noch bis vor wenigen Jahrzehnten war es nur mit dem Kahn erreichbar. Als Hauptstraße fließt hier nämlich die Spree durch das Dorf.

Auf den umliegenden Äckern türmen sich die eigenartigen, zwiebelturmähnlich aufge-

Fährhafen Lübbenau

Schinkelkirche in Straupitz

Seite 83

schichteten Heuschober, die mit jeweils 25 Zentnern eine gute Futterreserve für den Winter abgeben.

Aus drei Gehöften, die aus verschiedenen Gebieten des Spreewalds stammen, besteht das *Freilandmuseum*. Die Einrichtungen zeigen das Leben der Spreewälder im vorigen Jahrhundert in Haus, Hof und Garten sowie auf dem Acker. Für Heiterkeit sorgt stets das „Familienbett", in dem bis zu sechs Personen schliefen. Jungvermählte dagegen durften in den ersten vier Ehewochen ohne Beisein der Familie auf dem Heuboden nächtigen.

Beim alljährlichen *Museumsfest* im August werden die traditionellen Handwerkskünste wie das Bemalen von Ostereiern, Trachtensticken, Korbflechten, Töpfern und Blaudruck vorgeführt (◷ April bis 15. Sept. tgl. 10–18, 16. Sept. bis Okt. tgl. 10–17 Uhr).

🏠 **Hirschwinkel,** An der Dolzke 6, 03222 Lehde, ☎ 0 35 42/34 55, 📠 37 88. Blockhausartige Pension im Jägerstil mit Gasthof. Ⓢ
Quappenschänke, An der Dolzke 4, 03222 Lehde, ☎ 0 35 42/4 14 17, 📠 37 88. Bescheiden und freundlich eingerichtete Pension mit Gaststube und Saal. Ⓢ
🏠 **Spreewaldhof Wotschofska,** ☎ 0 35 46/76 01. Zünftiger großer Saal und Biergarten mit spreewaldtypischem Angebot; nur per Kahn, zu Fuß oder mit dem Rad erreichbar, ab Lehde ausgeschildert (◷ tgl. 11 bis 18 Uhr). Ⓢ

Gleich zwei *Kahnfährhäfen,* die sich gut als Ausgangspunkt für Touren anbieten, besitzt das zum Städtchen **Burg** (3500 Einw.) gehörende *Burg-Dorf;* eingemeindet ist das 4 km entfernte Dorf *Burg-Kauper.* Ein Anziehungspunkt für Architekturfans ist hier der *Bismarck-Turm,* den der Berliner Architekt Bruno Möhring 1917 auf dem *Schloßberg* in einer Mischung aus Expressionismus, Neuer Sachlichkeit und Neoklassizismus erbaute. Seine landschaftsbestimmende Wirkung läßt

sich oben auf der Plattform erleben (◷ tgl. 10–12, 13–18 Uhr).

🏠 **Pohlenz-Schänke,** Pohlenz-Weg, 03226 Leipe bei Burg, ☎ 03 56 03/2 98. Historisches Gasthaus der Jahrhundertwende mit Biergarten und einem riesigen, holzgetäfelten altwendischen Saal (◷ April bis Okt. tgl. 10–21 Uhr). Ⓢ

Weiter geht es durch den Ort **Calau** (7400 Einw.), der mutmaßlich in Zusammenhang gebracht wird mit den berühmt-berüchtigten Kalauern. Ein zu DDR-Zeiten gängiger Witz über die vergreiste Politikerriege im Land beispielsweise verhohnepiepelte die Sprichwörter „Doof bleibt doof" und „Ehrlich währt am längsten" zu „Stoph bleibt Stoph, doch Erich mährt am längsten ..."

Ein schmuckes Städtchen ist das schon zum Landkreis Dahme-Spreewald gehörende **Luckau** (5500 Einw.). Besonders rund um den reizvollen * *Marktplatz* scharen sich barocke *Giebelhäuser* mit auffallenden Schmuckfassaden, die italienische Baumeister nach einem großen Stadtbrand im 16. Jh. wieder völlig neu aufbauten. Auf dem Markt steht die als Standesamt genutzte *Georgenkapelle,* an die der 49 m hohe, achteckige *Hausmannsturm* angebaut ist. Als Luckau 1370 in böhmischen Besitz gelangte, schickte Kaiser Karl IV. den Schädel des hl. Paulinus als Reliquie, was zur Grundsteinlegung der *St.-Nikolai-Kirche* führte – er kann heute noch besichtigt werden. Die reiche barocke Innenausstattung weist eine prächtige Sandsteinkanzel und eine wertvolle Donat-Orgel mit 44 Registern und 3500 Pfeifen auf. Zu der fast vollständig erhaltenen mittelalterlichen Stadtmauer gehört das *Calauer Tor* mit dem *Roten Turm* und dem *Napoleonhäuschen,* eines von mehreren *Wiekhäusern,* in dem der große Korse 1813 während der Schlacht bei Luckau genächtigt haben soll. Die kleine Ausstellung über die Schlacht ist nach Anmeldung im *Heimatmuseum* zu besichtigen (Lange Str. 71; ☎ 22 93, ⏲ Di 9–12, 14–18, Mi–Fr 9–12, 14–16, So 11–16 Uhr).

Im ehemaligen *Dominikanerkloster* ist heute der Jugendstrafvollzug untergebracht. Schon 1916 saß hier der wegen seiner Einstellung zum Krieg zu zwei Jahren Zuchthaus verurteilte Karl Liebknecht im Gefängnis. Die *Karl-Liebknecht-Gedenkzelle* ist ebenfalls nach Anmeldung im Heimatmuseum (s. o.) zu besichtigen.

Im September wird das *Luckauer Becken,* eine ausgedehnte Moorniederung südlich der Stadt, zu einem der größten Kranichrastplätze in Deutschland. Erst im November, mit dem ersten Frosteinfall, ziehen die gut 700 Brutpaare zum Überwintern nach Spanien. Interessant sind die Führungen, die vom *Kranichrastplatz* in *Freesdorf* organisiert werden.

❶ **Fremdenverkehrsverband Niederlausitz-Land,** Lindenstr. 5, 15926 Luckau, ☎ 🖷 0 35 44/30 50.

Freilandmuseum Lehde – Leben im Spreewald im 19. Jahrhundert

6

Seite
83

Im Land der Sorben

Schon die zweisprachigen Straßenschilder machen deutlich, daß der Spreewald das Land der Sorben ist. Das Sorbische ist eine westslawische Sprache mit viel „c", „z" und „y", eng verwandt mit dem Polnischen und Tschechischen.

Im Zuge der Völkerwanderung besiedelten die ersten Slawen im 6. Jh. das fast menschenleere Gebiet zwischen Ostsee und Erzgebirge. Während die meisten Stämme dieses Volkes durch die Christianisierungsversuche der deutschen Fürsten zwischen dem 10. und 12. Jh. ihre Unabhängigkeit verloren, gelang den Lausitzer Sorben die Bewahrung ihrer Kultur und Schriftsprache. Auch wenn ihnen erst 1990 mit dem Wendischen Haus in Cottbus (s. S. 42) der langjährige Wunsch nach einem festen Sitz der Domowina, wie

sich der Regionalverband nennt, erfüllt wurde, so gestand man ihnen auch nach 1945 eine gewisse Kulturautonomie mit eigenen Schulen zu.

Erstaunlicherweise haben viele sorbische Bräuche die Zeiten überdauert, sei es nun das Osterfest, zu dem die Ostereier farbenprächtig und filigran von Hand bemalt werden. Schließlich wird der Winter mit dem „Zapust" ausgetrieben, einer Art Fastnacht. Die typische, bunt bestickte sorbische Volkstracht mit farbenfrohen Kopftüchern oder auffällig großen Hauben wird im Alltag heutzutage nur noch von schätzungsweise tausend Frauen getragen, die ausnahmslos das Rentenalter erreicht haben. Doch zu Festumzügen – und natürlich zur Erbauung der Touristen – gehen auch wieder jüngere Mädchen gern in Tracht.

Route 7

Zauche und Fläming – Klöster und Burgen

Beelitz – *Jüterbog –
*Kloster Zinna –
*Schloß Wiepersdorf (180 km)

Diese beiden Gebiete im Westen des Landes Brandenburg, an der Grenze zu Sachsen-Anhalt, sind nach schriftlicher Überlieferung die ältesten historischen Landschaften der Mark. Während die Zauche ihren Namen aus dem slawischen „sucha", der Bezeichnung für „Trockenland", ableitet, soll der Fläming aufgrund der zahlreichen Flamen so heißen, die hier im 17. Jh. vor allem rund um Jüterbog auf Geheiß des Großen Kurfürsten siedelten und das Land urbar machten.

Der Anschluß an die Eisenbahn im vorigen Jahrhundert brachte die ersten Touristen aus den Ballungsräumen Berlin, Halle und Leipzig. Die reizvolle Fläming-Landschaft ist heute für ihre vielen Burgen, Schlösser und Klöster bekannt.

Beelitz (5900 Einw.) kennt in Berlin-Brandenburg so ziemlich jeder, weil hier auf mittlerweile 200 ha Anbaufläche der feinste Spargel aus dem märkischen Sand gestochen wird: schön dick und gar nicht holzig – 8 Mio. Stangen pro Jahr. Die ehemalige Arbeiter- und Bauernrepublik verschmähte zwar das „königliche Gemüse", damals gab es um Beelitz gerade einmal 9 ha Spargelfelder, aber heute pilgern jedes Wochenende an die 10 000 Menschen nach Beelitz, die Appetit auf die weißen Stangen haben. Und man muß sich beeilen, denn die Saison ist kurz: Ende Mai stellen die Gaststätten ihre Speisekarten auf frischen Spargel um.

Höhepunkt ist dann das *Beelitzer Spargelfest* am ersten Juniwochenende, und getreu der ehernen Bauernregel „Kirschen rot – Spargel tot" ist die Herrlichkeit zum Johannistag am 24. Juni auch schon wieder vorbei.

Ansonsten ist Beelitz eigentlich eine ganz normale und gemütliche Kleinstadt mit der *Marienkirche* am *Markt,* deren an den Chor angebaute *Kapelle* ein schönes Sterngewölbe aus der Zeit um 1520 aufweist. Auch den Westlern ein Begriff wurde nach der Wende das ohnehin schon bekannte Lungensanatorium, die *Beelitzer Heilstätten,* als das etablierte russische Militärlazarett dem Ehepaar Honecker vor dem Abflug nach Moskau Asyl gewährte. Die 140 ha große, denkmalgeschützte Klinikstadt ist in ihrer Geschlossenheit ein in Europa einzigartiges Jugendstilensemble. Eine Großinvestorengruppe will es nun zu einer Reha-Klinik, einer Manager-Akademie und einem Einkaufs- und Dienstleistungszentrum umbauen.

Zwar etwas abseits der Route, aufgrund seiner netten Atmosphäre aber doch lohnend, ist das Dorf **Blankensee** (370 Einw.) am Nordufer des gleichnamigen Sees. In der ehemaligen Residenz des Adelsgeschlechts von Thümen zeigt das *Bauernmuseum* in einem märkischen Mittelflurhaus von 1649, wie sich das ländliche Leben zwischen Schwarzküche mit Rauchfang, Schlafraum, Kleiderkammer und Altenstube einst abspielte (ⓒ Mi–Fr 10–12, 13–17, Sa/So 12–17 Uhr). Eine gesonderte Ausstellung informiert über Hermann Sudermann, den ostpreußischen Schriftsteller („Die Reise nach Tilsit") und Gegenspieler von Gerhart Hauptmann, der den barocken Thümenschen Landsitz von 1902 bis 1928 zur Sommerfrische bewohnte. Der von Peter Joseph Lenné gestaltete *Park* beherbergt die Sudermannsche Skulpturensammlung, bestückt mit italienischer Barockplastik, Urnen und Säulen. Für eine Rast bietet sich das zauberhafte Museums-Innenhöfchen an, wo die „Museumschänke" ein paar Tische aufgestellt

hat und für das leibliche Wohl sorgt
(◷ Mi–Fr ab 13, Sa/So ab 14 Uhr; $).

Der irreführende Witz, warum „die hier
ihren Lenin mit h schreiben", dürfte
mittlerweile geklärt sein: Der Ortsname
Lehnin (3100 Einw.) – mit Betonung auf
dem „i" – leitet sich von der Gründungslegende des **Zisterzienserklosters Lehnin** ab, von der auch Fontane
in seinen „Wanderungen" erzählt. Da-
nach erschien dem askanischen Markgrafen Otto I., während er sich von der
Jagd unter einer Eiche ausruhte, im
Traum eine Hirschkuh, die er als Sinnbild des slawischen Heidentums deute-
te (slawisch Lehnije = Hirschkuh). Auf
der Stelle soll er den Abt des Zisterzienserklosters Sittichenbach bei Eis-
leben aufgefordert haben, Mönche für
eine neue Klostergründung zu entsen-
den. Der Eichenstamm in der Altarstu-
fe der Klosterkirche erinnert an dieses

Das Zisterzienserkloster Lehnin

Spargelstechen in Beelitz

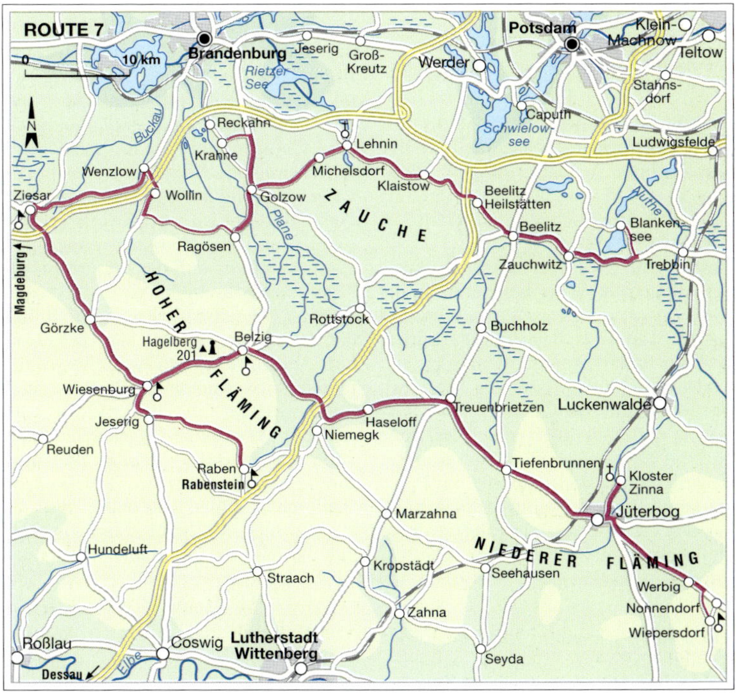

Traumerlebnis (🕐 tgl. 10–18 Uhr; Anmeldung für Führungen: ☎ 0 33 82/ 76 88 42; Sommermusik meist Do und So, ❶ ☎ 70 04 15).

Tatsächlich wurde Lehnin 1180 das erste Zisterzienserkloster der Mark und gelangte schnell zu großem Reichtum. Nach seiner Säkularisation diente es den brandenburg-preußischen Landesherrn ab 1542 als Jagdsitz, und heute hat hier das Luise-Henriette-Stift, eine diakonische Einrichtung der evangelischen Kirche, sein Domizil. Bei einem Rundgang durch das Gelände sieht man einen Teil des Kreuzgangs, das Falkonier- und das Kornhaus sowie die Torkapelle. Im Königshaus bietet ein kleiner Buchladen Literatur zur Klostergeschichte an. Die bescheidene Stiftscafeteria steht auch Besuchern offen. Wer sich zwischendurch etwas erfrischen oder ein Bötchen leihen möchte, kann dies im *Strandbad* am *Klostersee* tun.

⚠ **Campingplatz Seeblick,**
Am Klostersee, 14797 Lehnin,
☎ 0 33 82/71 03.

Das Dörfchen **Reckahn** (430 Einw.) ist der jahrhundertealte Rittersitz derer von Rochow. Der alte Gutsherr Friedrich Eberhard von Rochow ging als „Vater der preußischen Volksschule" in die Annalen ein, da er sich schon im 18. Jh. dafür einsetzte, daß die Dorfkinder Lesen und Schreiben lernten. Bis 1945 bewirtschaftete die Familie das barocke *Gutshaus*, das ein unbekannter Berliner Baumeister aus dem Kreis um Andreas Schlüter 1720 am Ende des Dorfes erbaute (Kinderhort). Zum Ensemble gehören auch die *Dorfkirche* und das *Schulmuseum*, wo ein original eingerichtetes Klassenzimmer mit Holzbänken, Tintenfaß und Schiefertafel aus der Zeit vor der Jahrhundertwende ältere Semester an ihre Schultage erinnert (🕐 Di–Fr 9–16, Sa/So 14 bis 16 Uhr).

Auf einem schmalen erhöhten Landstreifen zwischen dem entwässerten Fiener Bruch und einem trockengeleg-

ten See erhebt sich stolz die *Burg* in **Ziesar** (2200 Einw.). Seit der Amtszeit von Bischof Ludwig von Neindorf im 12. Jh. war sie Bischofsresidenz und Mittelpunkt der Bistumsverwaltung. Ihr originelles Wahrzeichen ist die in Form einer Bischofsmütze (Mitra) nachgebildete Backsteinhaube auf dem Bergfried (Turmbesteigung: 🕐 Mo–Fr 10–16.30, Sa/So 13–17 Uhr). Zu besichtigen ist hier auch die * *Burgkapelle,* die aufgrund ihrer reich dekorierten Backsteinfassade mit Maßwerkfriesen und zart profilierten Fenstern sowie dem blau und rotbraun ausgemalten Kreuzrippengewölbe zu den schönsten ihrer Art in der Mark Brandenburg zählt.

Eine für den Fläming, in dem sich Fuchs und Hase gern gute Nacht sagen, nicht eben gewöhnliche Erfolgsgeschichte scheint **Belzig** (7900 Einw.), die Kreisverwaltungsstadt des Großkreises Potsdam-Mittelmark, zu schreiben. Erst eröffnete 1990 die modernisierte *Reha-Klinik*, dann kam ein nagelneues *Spaß- und Erlebnisfreibad* mit einer 55-m-Wasserrutsche, und nun strebt das Flämigstädtchen nach dem Bädertitel und ist bis 1998 auch schon einmal Luftkurort auf Probe. Der *Kurpark* ist in Planung, und auch nach Thermalwasser wird gebohrt. Selbst die Heiratstouristen sind als Zielgruppe entdeckt, denn auf der romantischen * *Burg Eisenhardt,* der wichtigsten Attraktion der tausendjährigen Stadt, hat das Standesamt seinen Sitz. Der 33 m hohe, „Butterturm" genannte imposante Bergfried stammt noch von einer Vorgängerburg aus dem 12. Jh., die der Kurfürst Ernst von Sachsen schließlich 1465 ausbaute. Im Torhaus zeigt das Burgmuseum Ausstellungstücke zur Geschichte. Eine Seltenheit, die ihr Vorbild in der Albrechtsburg zu Meißen hat, ist die mit einem Zellengewölbe überzogene Decke (🕐 Mo, Mi, Fr 10–12, 12.30–16, Di, Sa/So 10–12, 12.30–18 Uhr).

Eine der ältesten Kirchengründungen der deutschen Besiedlungszeit ist die

7

1161 erstmals erwähnte *Bricciuskapelle* vor der Burg.

🏨 **Burghotel,** Auf der Burg Eisenhardt, Wittenberger Str. 14, 14806 Belzig, ☎ 03 38 41/3 12 96, 🖷 3 12 97. Klassisches, zudem behindertengerechtes Ambiente; Wildgerichte im Restaurant. Ⓢ

Auf der höchsten Erhebung des Bundeslandes, dem 201 m hohen Hagelberg, 5 km weiter westlich, erinnert ein von der Sowjetarmee errichteter *Gedenkstein* an die Schlacht bei Dennewitz: Preußisch-russische Truppen besiegten hier die mit Napoleon verbündeten Sachsen am 27. August 1813, wodurch fast der gesamte Fläming, der bis dahin sächsisch war, unter preußische Kuratel geriet.

Der Fläming ist das reinste „Burgenland". In unmittelbarer Nähe von Belzig entstanden in der Mitte des 12. Jhs. nämlich gleich zwei weitere Burgen im Zusammenhang mit der deutschen Eroberungs- und Siedlungspolitik des askanischen Markgrafen Albrecht dem Bären: In der **Wiesenburg,** die im 16. Jh. zu einem der größten Renaissanceschlösser der Mark umgebaut wurde, hat eine Heimatstube im Turm für das Publikum geöffnet (🕐 tgl. 10–18 Uhr). Lohnend ist ein Spaziergang durch den schönen *Schloßpark,* der mit etwa 50 verschiedenen Baumarten bestanden ist. **Burg Rabenstein,** auf dem 153 m hohen Steilen Hagen, gehört aufgrund ihres ovalen Gesamtgrundrisses mit „Häusern" und Gemäuer „am Rande" zum Typus der langgestreckten Randhausburg. Aufmerksamkeit verdienen die große Vorburganlage, die Burgkapelle, der stallähnliche Rittersaal und der Aborterker an der Nordmauer. Der Bergfried bietet einen schönen Rundblick über den Hohen Fläming (🕐 tgl. 8–17 Uhr).

❶ Tourist-Information, Wiesenburger Str. 4, 14806 Belzig, ☎ 03 38 41/3 48 15, 🖷 3 48 17. **Jugendherberge Burg Rabenstein,** 14823 Raben, ☎ 03 38 48/2 18.

Auf Burg Eisenhardt in Belzig wird kräftig geheiratet

Herbststimmung – Allee zwischen Belzig und Wiesenburg

Seite 87

Burg Rabenstein auf dem 153 m hohen Hagen

Das sympathische und gepflegte ***Jü-terbog** (11 500 Einw.) ist das Hauptstädtchen des *Niederen Fläming.* Die Ableitung des Ortsnamens von dem slawischen Gott Jutrebog, deutet auf die frühe slawische Besiedlung hin. Im 12. Jh. eroberte der Magdeburger Erzbischof Wichmann die Ansiedlung, ließ sie planmäßig als Oval anlegen und verlieh ihr Stadtrecht.

Von der regen Bautätigkeit im Stil der Gotik nach dem katastrophalen Stadtbrand im Jahr 1478 zeugen das ***Rathaus** und die 1985 unter großem Aufsehen zu einer Bibliothek umgebaute *Franziskanerkirche* sowie das *Damm-,* das *Zinnaer-*und das *Neumarkter Tor,* alle drei ursprünglich als Doppeltoranlage konzipiert. An jedem Tor hängt das mittelalterliche Zeichen der städtischen Gerichtshoheit, eine regelmäßig erneuerte Holzkeule. Die Tafel mit dem markigen Spruch: „Wer seinen Kindern giebt das Broth und leidet nachmals selber Noth, den schlage man mit der Keule todt" gemahnt allzu großzügige Eltern, deren Kinder sich gegebenenfalls nicht revanchieren, daran, daß sie selber Schuld sind.

Ältestes Bauwerk ist die *Liebfrauenkirche* von 1160. Das wegen seiner weißgekalkten Wände etwas nüchtern wirkende Hauptschiff besticht allerdings durch seine kunstvoll verzierte Holzbalkendecke. Der Abt des nahegelegenen Klosters Zinna (s. rechts) hatte im *Abtshof* (Planeberg 9) sein Stadtdomizil. Die vier kreuzrippengewölbten Räume beherbergen nun das *Städtische Museum.* Neben Flämingtrachten und einem mittelalterlichen Stadtmodell gibt es ein großes Zinnfigurendiorama der Schlacht bei Dennewitz zu sehen (🕐 Mai bis Sept. Di–Do, Sa/So 14–17, Okt. bis April Di–Do, Sa/So 13–16 Uhr). Gegenüber erhebt sich die ***Nikolaikirche,** deren Turmplattform man bis zu den ungleichen Doppeltürmen erklimmen kann. Die auch als „Neue Sakristei" bezeichnete kleine Südkapelle zeigt die wunderschöne, originale Ausmalung von 1447 mit Ornamenten

und Heiligenfiguren (🕐 Mo–Fr 7.30 bis 16, Sa/So 13–16 Uhr).

❶ Stadtinformation Jüterbog, Am Markt, 14913 Jüterbog, ☎ 🖷 0 33 73/46 30.

🏨 Best Western Hotel am Schloßpark, Schloßstr. 87, 14913 Jüterbog, ☎ 0 33 72/46 60, 🖷 46 61 62. Komfortables Haus für die gehobene Brieftasche mit Sauna und gutem Restaurant. Ⓢ
🏨 Goldener Anker, Pferdestr. 12, ☎ 27 80. Gasthof mit regionaler Küche zu Mittag und – selten im Land Brandenburg – vegetarischen Angeboten (🕐 tgl. ab 9 Uhr). Ⓢ

Zur landwirtschaftlichen Erschließung des Niederen Flämings berief Erzbischof Wichmann den Abt Theodorius und zwölf Mönche aus der Zisterserabtei Altenberg bei Köln nach ***Kloster Zinna** (1100 Einw.), wo sie 1171 das ***Zisterzienserkloster Zinna** gründeten. Als Baumaterial für die Klosterkirche verwendete man das in der Umgebung reichlich vorhandene Granitgestein, und so entstand die einzige Granitpfeilerbasilika auf norddeutschem Boden. Das Gästehaus (Alte Abtei) und die Neue Abtei weisen blendengeschmückte Staffelgiebel auf. Über mehrere Etagen zeigt das Klostermuseum eine anschauliche Ausstellung zur Kloster- und Siedlungsgeschichte des Ortes. Dabei sind auch die hochbedeutenden Wandfresken aus dem 15. Jh. mit der Schutzmantelmadonna in der Abtskapelle zu sehen (🕐 Di–So 10–17 Uhr).

Wahrhaft märkischen Gründergeist stellte Friedrich der Große unter Beweis, als er in Zinna 1764 eine seiner ersten künstlichen Musterstädte, eine Weberkolonie, gründete. Eines dieser typischen kleinen Weberhäuschen findet sich in der Berliner Straße 64. Seit 1994 hat der Ort seinen „Alten Fritz" auch wieder auf dem Marktplatz stehen. Das Denkmal, vor dem nach Kriegsende 1945 russischen Soldaten aus Jux salutierten, hatten SED-Funktionäre später vom Sockel gerissen.

7

Seite 87

**ℹ Fremdenverkehrsverband
Teltow-Fläming,** Am Kloster 65,
14913 Kloster Zinna,
☎ 0 33 72/40 46 18, 🖷 40 46 20.

**🏠 Restaurant und Logierhaus
Alte Försterei,** Markt 7, ☎ 46 50,
🖷 46 52 22. Schon Friedrich der
Große kehrte hier ein, heute
tafelt halb Berlin in der überaus
gemütlichen Stube; mit Hotel
(🕐 tgl. 12–23 Uhr). 💲

Als der Romantiker Achim von Arnim
samt Ehefrau Bettina, geborene Brentano, **★ Schloß Wiepersdorf** 1814 bezog, stand hier erst der zweigeschos-
sige Putzbau mit den dreiachsigen
Seitenflügeln. Die neubarocke Umge-
staltung der Gartenseite vollzog erst
der Historienmaler Achim von Arnim,
ein Enkel der beiden, im Jahr 1880.
Die seit 1948 bestehende Nutzung als
Künstlerhaus wurde nach der Wende
beibehalten. Zu DDR-Zeiten erholten
sich in der bewußt familiär gehaltenen
Atmosphäre schon Anna Seghers, Bert
Brecht, Christa Wolf und Sarah Kirsch,
heute sind es junge Schriftsteller, Mu-
siker und bildende Künstler aus aller
Welt. Einen verregneten Aufenthalt
ließ der mißmutige Peter Hacks einmal
poetisierend an der einstigen Dame des
Hauses aus: „Zwei Stiefel bin ich, die
durch Pfützen patschen, aus jedem
Busch hör ich Bettine quatschen".

Die Schloßräume sind museal hergerichtet und zeigen Gemälde und Mo-
biliar der von Arnims (Sa/So 14 bis
16.30 Uhr und nach Vereinbarung,
☎ 03 37 46/69 90). Mehrmals im Monat werden Konzerte und einmal im
Jahr die „Wiepersdorfer Gespräche" zu
Themen aus Politik und Literatur organisiert (ℹ s. o.). Auf einem kleinen
Friedhof an der *Gutskirche* ist das
Dichterpaar neben anderen Familien-
mitgliedern bestattet.

🏠 Orangerie-Café, Schloßpark
Wiepersdorf, ☎ 0 33 72/46 50 (über
Kloster Zinna). Kaffee und Kuchen
in schöner Atmosphäre unter Palmen
(🕐 Sa/So 12 bis ca. 18 Uhr). 💲

*Blick auf Jüterbog mit Nikolai-
kirche und Neumarkter Tor*

Deutsche Alleenstraße

Ein besonders kostbares Erbe, das
Brandenburg mit in die deutsch-
deutsche Vereinigung brachte, sind
die endlosen Alleen, bestückt mit
dicken Buchen, Linden und Kastani-
en. Anders als im Westen, wo dieses
Stück Kultur dem Straßenbauwahn
der 70er Jahre zum Opfer fiel, sind
die guten alten Alleen, über die
vom 17. bis zum 19. Jh. noch die
preußischen Postkutschen einher-
sprengten, im Osten erhalten geblieben. Mit höchstem Genuß rauschen
heute vor allem die Kabriofahrer unter diesem kilometerlangen grünen
Blätterdach dahin.

Wie ein grünes Band erstreckt
sich das Naturdenkmal „Deutsche
Alleenstraße" von Nord- nach Süddeutschland. Die gleichnamige Ar-
beitsgemeinschaft hat die Route
ausgearbeitet: Sie beginnt auf
Rügen, verläuft durchs Mecklenburgische bis ins brandenburgische
Rheinsberg, wo sie die Städte Neuruppin, Nauen, Brandenburg/Havel
und Belzig miteinander verbindet,
bevor sie Richtung Lutherstadt Wit-
tenberg nach Sachsen-Anhalt ent-
schwindet.

7

Seite
87

Abseits der Routen

Natürlich hat Brandenburg auch abseits der in diesem Band vorgestellten Routen noch viel Sehenswertes zu bieten. Hier einige Anregungen in Form von Kurzporträts:

*Doberlug–Kirchhain (8000 Einw.) hat mit einer *Klosterkirche* aufzuwarten, die 1228 in Zusammenhang mit einem Zisterzienserkloster geweiht wurde. Wegen ihres hohen gewölbten Mittelschiffs stellt die kreuzförmige Basilika einen der herausragenden frühgotischen Backsteinbauten der norddeutschen Zisterzienserbaukunst dar. Auf den Mauern des abgebrannten Klosters wurde 1690 das barocke hochherrschaftliche *Wasserschloß* vollendet, in dem später die Nationale Volksarmee wirtschaftete; es steht heute leer.

**Stahnsdorf. Am Südrand von Berlin liegt der Stahnsdorfer *Waldfriedhof,* mit 206 ha Wald- und Heidegelände einer der größten deutschen Begräbnisplätze; er entstand um die Jahrhundertwende. Bei der Friedhofsverwaltung am Haupteingang sollte man sich, damit man sich nicht verläuft, unbedingt den offiziellen Plan kaufen. Dort sind die Gräber berühmter Persönlichkeiten verzeichnet, die man auf eigene Faust kaum finden kann, darunter Heinrich Zille, Lovis Corinth, Werner von Siemens, Gustav Langenscheidt, Engelbert Humperdinck und Elisabeth Baronin von Ardenne, das Vorbild für die Figur Effi Briest in Fontanes gleichnamigem Roman (Rudolf-Breitscheid-Platz; ○ tgl. 8–20 Uhr).

*Beeskow (9500 Einw.), ein anheimelndes Städtchen, das inmitten einer Spreeniederung, im Zentrum dreier alter Handelsstraßen liegt, hat eine gut erhaltene *Wallanlage* samt *Wehrgang,* dazu einen *Fischerkietz* und die im Krieg bis auf die Umfassungsmauern zerstörte *Marienkirche,* deren Glocken bis zur Jahrtausendwende wieder läuten sollen. Ein richtiger Kulturmagnet ist die *Wasserburg* auf der Spreeinsel. Der Beeskower Burgdirektor Herbert Schirmer präsentiert hier die Kunst der Partei- und Massenorganisationen aus Berlin, Brandenburg und Mecklenburg-Vorpommern, Gemälde, Skulpturen und Skizzen aus alten DDR-Tagen – die Nostalgie macht eben auch vor dem Sozialismus nicht halt (○ Mai bis Sept. Di–Fr 10–17, Sa/So 13–17, Okt. bis April Di–Fr 10–16, Sa/So 13 bis 16 Uhr).

**Dahlwitz-Hoppegarten. Seit 1868 laufen die rassigen Vollblutpferde auf der Galopprennbahn Hoppegarten, einem der schönsten Rennplätze Deutschlands, die zudem in den 30er Jahren erweitert wurde. Vom Frühjahr bis in den Herbst werden hier internationale Rennen ausgetragen. Wer ein bißchen tiefer in die Tasche greifen kann, leistet sich – mit oder ohne Hut – einen Platz auf der doppelstöckigen Haupttribüne, Insider allerdings bevorzugen die Rasenplätze – mit oder ohne Klappstühlchen (Programminfo: ☎ 0 33 42/38 93 17 oder 38 93 22).

Etwa 12 km nördlich von Frankfurt (Oder) liegt das Ökodorf ***Wulkow/Booßen** (190 Einw.), das vom Brandenburgischen Umweltministerium zur „Modellgemeinde für ökologische Dorfentwicklung" erklärt wurde. Am Markttag werden im Ököspeicher an über 22 Ständen die Produkte der Region angeboten: Kräuter, Gemüse und Obst aus kontrolliert-biologischem Anbau, Fisch, Brot, Fruchtsäfte, dazu Keramik, Holzspielzeug, Textilien, Korbwaren und Kosmetik (○ Mai bis Okt. Sa 9 bis 16 Uhr). Wer sich einer Führung durch den Ökospeicher, das Schloß samt Park, die Feuchtbiotope und die Holunderplantage anschließen möchte, kann sich im Domespace, einem Niedrigenergiehaus, melden. (☎ 03 36 02/46 90; ○ Mo–Sa 9–16 Uhr.)

Praktische Hinweise von A–Z

Auskünfte

Zentrale Informationsstelle für den ersten Anlauf, vor allem für umfassende Hotel-, Camping- und Jugendherbergs-verzeichnisse ist der

Landesfremdenverkehrsverband Brandenburg e. V., Schlaatzweg 1, 14473 Potsdam, ☎ 03 31/27 52 80, 📠 2 75 28 10.

Detaillierte Informationen über die Besonderheiten der einzelnen Land-schaftsgebiete geben die vier Regional-verbände:

Regionaler Fremdenverkehrsverband Potsdam-Havelland-Fläming e. V., August-Bier-Str. 9, 14482 Potsdam, ☎ 03 31/7 47 57 76, 📠 7 47 57 77 (Potsdam, Havelland, Fläming).
Regionaler Fremdenverkehrsverband Brandenburg-Nord e. V., Postfach 1 46, 16901 Wittstock, ☎ 0 33 94/44 36 11, 📠 44 36 83 (Prignitz, Ruppiner Land, Uckermark).
Regionaler Fremdenverkehrsverband Ostbrandenburg e. V., Herbert-Jensch-Str. 41, 15234 Frankfurt (Oder), ☎ 03 35/6 80 16 58, 📠 6 80 16 59 (Oderbruch, Barnim, Oder-Spree-Seen-Gebiet).
Fremdenverkehrsverband Spree-wald e. V., Lindenstraße, 03226 Rad-dusch, ☎ 03 54 33/7 74 33, 📠 7 74 34 (Spreewald, Lausitz, Elbe-Elster-Land).

Behinderte

Informationsmaterial und einen Führer durch die Landeshauptstadt Potsdam mit behinderten- und rollstuhlgerech-ten Tourenvorschlägen, Kneipen und Toiletten verschickt:

Die Kirche des Stahnsdorfer Waldfriedhofs

Ältestes Haus in Beeskow ist der ehemalige Speicher von 1487

Der Beeskower Marktplatz mit der Marienkirche

Allgemeiner Behindertenverband Potsdam e. V., Lindenstr. 54/55,
☏ 03 31/2 80 02 02 oder 2 70 86 13 (◷ Mo–Fr 8–16 Uhr).

Grenzübergänge nach Polen

Von Nord nach Süd:
Swinemünde, Linken, Pomellen, Schwedt, Hohenwutzen, Küstrin, Frankfurt (Oder), Guben, Forst, Bad Muskau.

Für die Einreise nach Polen ist der gültige Reisepaß mitzunehmen, der Personalausweis genügt nicht.

Kur- und Heilbäder

Das Kurangebot des Landes Brandenburg ist sehr vielfältig und reicht von Eisenmoorbädern bis zu Luftkurorten, in denen orthopädische, rheumatische, psychosomatische, onkologische, Herz-Kreislauf- und Stoffwechsel-Erkrankungen behandelt werden; außerdem gibt es Mutter-Kind-Kuren.

Prospektmaterial und Adressenlisten verschickt der

Brandenburgische Kurorte- und Bäderverband, Postfach 12 27,
17262 Templin, ☏ 0 39 87/20 31 41, 📠 20 31 29.

Notruf

Polizei: ☏ 1 10.
Feuerwehr, Notarzt: ☏ 1 12.

Öffnungszeiten

Museen sind in der Regel montags geschlossen.

Geschäfte machen besonders auf dem Land ein bis zwei Stunden Mittagspause.

Restaurants schließen früher, wenn keine Gäste mehr da sind.

Pannenhilfe

Der ADAC-Notruf steht Mitgliedern wie Nichtmitgliedern rund um die Uhr zur Verfügung: ☏ 0 18 02/22 22 22.

Radio und Fernsehen

Landessender für Hörfunk und TV ist der *Ostdeutsche Rundfunk Brandenburg* (ORB), August-Bebel-Str. 26–53, 14482 Potsdam, ☏ 03 31/72 10.

Der ORB-Hörfunk hat drei Programme: Unterhaltung, Interviews, Musik und Neuigkeiten über alles, was in Stadt und Land so los ist, gibt es auf *Radio Brandenburg* (95,8) und *Antenne Brandenburg* (99,7). Der Jugendsender *Fritz* (102,6) liefert Musik und Infos für Kids und Teenies. Folgende Fernsehsender sind über Antenne zu empfangen: ARD, ZDF, B1 (Berlin1 gehört zum SFB), FAB (Fernsehen aus Berlin), RTL, RTL2, PRO7, plus TV und VOX.

Souvenirs

An landestypischen Andenken gibt's die verschiedensten Mitbringsel, von brandenburgischen Plüschadlern und Preußenwimpeln bis zum Konterfei Friedrich des Großen als Schlüsselanhänger. Wer jedoch hochwertiges Kunsthandwerk schätzt, ist vor allem mit Keramikarbeiten, Handgewebtem und mundgeblasenem Glas gut bedient. Zu den beliebtesten Reiseerinnerungen zählen aber wohl kulinarische Genüsse wie Gurken und feiner Meerrettich aus dem Spreewald, Spargel aus Beelitz sowie frischer oder geräucherter Fisch aus Havel und Spree.

Sport

Über gesetzliche Bestimmungen und einschlägige Adressen zum Angeln und Segeln informieren der *Landesanglerverband Brandenburg e.V.,* Schopenhauerstr. 34, 14467 Potsdam, ☏ 03 31/ 96 45 26, und der *Verband Brandenburgischer Segler e.V.,* Seeberg 37, 14532 Kleinmachnow, ☏ 03 32 03/2 21 38. Dem Flugsport und Ballonfahren kann man in Brandenburg vielerorts frönen. Flugstunden und Unterricht im Fallschirmspringen vermittelt der *Landesfremdenverkehrsverband Brandenburg e.V.* (s. S. 93).

Register

Bildnachweis

Alle Fotos Fotostudio Böttcher außer Archiv für Kunst und Geschichte, Berlin: 15, 17/2–3, 63/2; Georg Bleniek/Bildarchiv Steffens: 69/1; Ralf Freyer: 11/2–3, 31/1, 33/3, 41, 45, 49/2–3, 61/1, 73, 81/2; Martin H. Petrich: 23/1; Image Bank/Dietmar Okorn: Umschlag (Bild); Superbild/Bernd Ducke: Umschlag (Flagge).